シリーズ 現代経済の展望

経済の大転換と日本銀行

シリーズ 現代経済の展望

経済の大転換と日本銀行

翁 邦雄
Okina, Kunio

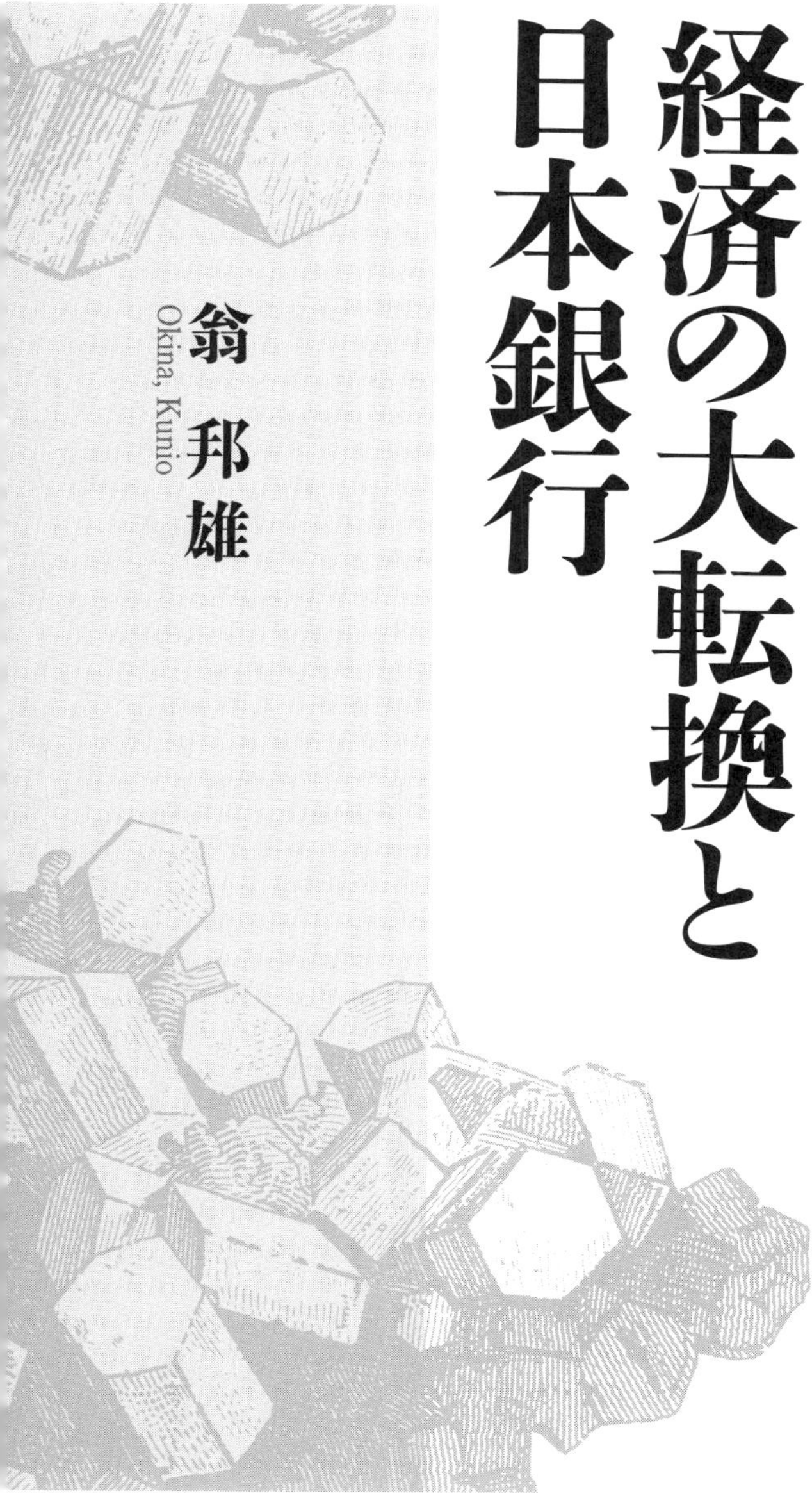

岩波書店

はじめに

本書のねらい

日本経済が成長率を高めていくためには、なにが必要なのだろうか。マス・メディアの論調をみると、アベノミクスの第一の矢(大胆な金融政策)、第二の矢(機動的な財政政策)は第三の矢である成長戦略が結実するまでの時間稼ぎだ、としているものが多い。確かに、日本経済の根本的な問題の解決には、日本の現状にあった「成長戦略」を必要とする。

日銀の量的・質的緩和はその「成長戦略」につながるだろうか。いわゆるリフレ派の人たちは、その可能性に期待をかけているように見える。総需要の拡大が潜在成長率を高める、と考えるのである。

しかし、本書は、日本経済が大きな転換点を迎えている現在、大きく言えば、その期待が的外れであると考えている。量的・質的緩和は、やや長い目で見れば弊害の方が大きい可能性が高い、と考えている。

本書は、大きな転換点を迎えている日本経済の現状と将来をやや長い目で考え、なにが喫緊の課題であり、その「成長戦略」になるか、という視点を踏まえて日銀のありかたについて検討しようとしたものである。

以下、本書全体の構成に沿って各章の主な論点ないし問題意識を簡単に紹介しておくこととする。

本書の構成

第一章では、中央銀行の集まりである国際決済銀行（ＢＩＳ）の二〇一四年版の年次報告の議論を取り上げる。この報告で興味深いのは、国際決済銀行がデフレの弊害とリスクは過大視されている、と主張している点である。国際決済銀行は、その主張の背景として歴史的事実を挙げる。そして、効果がますます小さくなっている非伝統的金融政策からの脱却（金融正常化）の道のりが険しいことに強い危機感を示している。

デフレの弊害の大きさや非伝統的金融政策の有効性に懐疑的な議論は、ドイツなど北部欧州に根強いものでもある。しかし、懐疑論だけでは各国の金融政策へのプレッシャーを押し返す原動力にはなりえないだろう。経済が現に停滞している限り、何かできそうにみえる中央銀行に対する国民の不満、批判は当然に強まる。その延長線上で、リスクがあろうと、停滞からの脱却のためには、より大きく政策を投入すべきだ、という声が高まる。代替案を伴わない議論では、停滞が続く限りそれに抗しきれない。総需要政策が適切か、適切でない場合どのような代替案が必要なのかは、各国における低成長の源泉による。処方箋を書く上では、それがまず問われるべき問題、ということになる。

第二章は、バブル崩壊後の日本経済の軌跡を辿っている。一九九〇年代以降の日本経済の実質成長率は、成熟期を迎えた他の主要先進国と比較しても低い。しかし、この間、日本の労働力人口の減少は顕著である。これを調整すると二〇〇〇年代には、一九九〇年代と異なり、日本経済がむしろ非常に健闘してきた姿になる。この間、失業率は先進国の中で突出して低かった。

しかし、物価面ではデフレ的傾向が続いた。このため、二〇〇〇年代前半には欧米のマクロ経済学者から、さまざまなデフレ脱却案が示された。これらの中には、副作用や持続性に懸念はあるものの、デフレ脱却という観点からは有効性が期待できるものがいくつか含まれていた。安倍政権の経済政策の表看板は「三本の矢」だが、これらの提案の要素の多くが取り入れられている。とりわけ次期首相確実な野党党首という特殊なステイタスを最大限活かした安倍自民党総裁の大胆な円安誘導は、円高トレンド是正局面という絶妙なタイミングで打ち出されたことで極めて大きな効果を発揮したように見え、株価を押し上げ、アベノミクスの順調な滑り出しを強く印象づけた。この間、量的・質的緩和の効果は大量の長期国債購入により、財政拡張のもとでも国債金利上昇を抑制する、という間接的な貢献が中心であったと考えられる。問題はこれらの政策が持続可能か／望ましいか、という点にある。

第三章は、量的・質的緩和の効果について検討する。その中心は「ポートフォリオ・リバランス効果」と「期待への働きかけの効果」である。

ポートフォリオ・リバランス効果は、中央銀行が長期国債を買うことで国債価格を押し上げ、そのことが資産価格全体を押し上げる、というものである。しかし、その際に生じる中央銀行当座預金の増加が量的な緩和効果をもつ、というのは幻想にすぎない。量的緩和の場合には、金融引き締め政策である準備率引き上げと異なり、個別行が自由に中央銀行当座預金を使うことができるため緩和的と考えられている。しかし量的緩和の場合にも、金融機関全体では準備率引き上げと同様に高水準の中央銀行当座預金保有から逃れられないため、このお金がどんどん銀行の外部にあふれ出すことはない。このため、多くの人が想像するような「量的な緩和効果」は存在しない。

他方、期待への働きかけ効果は、人々がインフレ到来を信じれば効果を発揮するが、信じなければ効果を発揮しない、という自己実現的性格が強い。このことは日銀のシャーマン(呪術師)化といった批判にもつながっている。しかし、重要なのは、インフレ期待の急上昇が仮に起きたとして、日本の直面している問題の解決に役立つか、ということであり、本書は、福音よりも厄災をもたらすリスクが大きい、と考えている。その意味で、量的・質的緩和が急激なインフレ期待の上昇を自己実現的にもたらさなかったのは、決して残念な結果ではない。その理由は、第四章、第五章で論じる。

第四章は、日本の低成長と成長戦略の問題を扱っている。二〇一三年秋、人口減少などを契機とした恒常的な需要不足による先進国の長期停滞論を展開したローレンス・サマーズの議論は、大きな反響を呼んだ。その背景には欧米先進国では、失業者や職探しすら諦めてしまった人たちが溢れている、という現実がある。しかし、日本では、団塊の世代の引退とともに、わずかな有効需要増加でただちに人手不足が顕在化することが明らかになりつつある。日本経済の低成長の基本的背景はバブルの崩壊によるバランスシート調整下での恒常的需要不足から人口問題を背景とする潜在成長力の低下に切り替わりつつある。

短・中期的には団塊の世代以降の人たちが後期高齢者の年代にさしかかることが、介護退離職を激増させることなどを通じて直接的に潜在成長率を押し下げるだろう。成長戦略の観点からは、高齢者の健康を維持し超高齢化の弊害を抑制するための対策と同時に、これを需要創出型の技術革新に大きくつなげていく構図を早急に描く必要がある。総需要不足を成長率低下の主因ととらえ、デフレ脱却で総需要が増加すれば日本経済が復活する、と考えるのは、より根本的な問題ないし喫緊の課題から人々の目をそらさせてしまうリスクが高い。むろん長期的に日本を存続させるうえでは、出生率を早急に回復させることも最重要課題になる。しかし、日本経済にはきわめて強い人口減少モメンタム(慣性)が組み込まれており、かりに出生率が直ちに急回復しても、人口減少は数十年以上続くので、これは目先の効果が期待できる成長戦略にはならない。

他方、量的・質的緩和は財政破綻リスクを高める、という深刻なリスクも抱える。第五章はこの問題を扱う。自国通貨を発行している中央銀行のある国では、デフレ傾向が続いている限り財政破綻は起きない。なぜなら、デフレ傾向が続く限り中央銀行はゼロ金利政策を続けることができ、政府が金利負担ゼロで財政をファイナンスできる限り、政府債務残高の対GDP比がいくら大きくなっても財政が破綻することはありえないからだ。財政当局が直面する「デフレ脱却の不都合な真実」は、それによりゼロ金利維持が困難になることで、財政の持続性を超低金利以外の手段で確保する必要が生じることである。このため、債務残高が非常に大きい国では、市場は金利上昇に極めて神経質になるはずである。インフレ予想が高まり、金利上昇圧力がかかる局面では、物価安定だけでなく、財政の持続性に対する投資家の懸念と金利上昇の悪循環が生じることを回避することにも細心の注意を払うことが必要となり、中央銀行は難しいかじ取りに直面することになる。

他方、インフレ率の上昇による金利上昇局面では、低金利の長期国債を大量に抱える日銀のバランスシートは毀損される。そのコストがどのようになり、誰に負担が帰着するかは、日銀がどのようにしてゼロ金利脱却を果たすかに依存する。その際、日銀による巨額の損失を誰に負担させるかを裁量的に割り振ることは、「所得分配にかかわる財政問題は国民の代表が国会での審議の結果決める」、という財政民主主義と矛盾する。

以上のことは、日本が社会経済の転換点を超えていくに際して、中央銀行の制度設計も再考していく必要性があることを意味するだろう。「おわりに」は、以上の議論全体を振り返る短いエピローグである。

本書の出発点

このイントロダクションの最後に、本書執筆の出発点について一言触れておきたい。本書は二〇一一年六月に書いた本(翁 二〇一一)の問題意識を引き継ぐ形で書き始めた。この本の終章で、筆者は次のように書いた。

デフレから脱却すること自体が目的であれば、政府がその方向に思い切って舵を切ればそれほど難しいわけではない。しかし、中央銀行が単独でデフレ脱却を完遂するのはむずかしい。その状態のもとで日本社会が選択し得るオプションは次の三つである。

第一のオプションは、中央銀行が単独でデフレ脱却へ立ち向かう、というもの。

第二のオプションは、中央銀行のデフレ脱却に対し、政府が支援する、というもの。

第三のオプションは、政府が前面に出てデフレ脱却を目指し、中央銀行の協力を要請する、というもの。

問題は、その各々のオプションがどのような帰結を社会にもたらすかである。まず、第一のオプションである中央銀行が単独でデフレ脱却へ立ち向かう場合には、デフレからはなかなか脱却できないが、それで社会が壊れることはない。中央銀行はスケープゴートになるが、そのことによって社会は守れるメリットがある。

これに対し、中央銀行のデフレ脱却を政府が支援するという第二のオプションの場合、中央銀行は自己資本の制約を超えて大胆な政策を採ることができる。しかし、それが財政政策的な色彩を強める場合、本来は中央銀行を介さずに、政府が行うことが民主主義の理念に適う。

そして政府が前面に出てデフレ脱却を目指し、中央銀行の協力を要請する、という第三のオプションの場合には、政府がどのようなデフレ脱却策を採るかが重要になる。実効性のある成長戦略の策定により潜在成長力が高まれば、金融政策の景気支援力は高まる。他方、例えば、政府が政府紙幣の発行などを財源としたばらまき型の財政支出拡大に踏み切ると、中央銀行のインフレ抑止力は無力化する。したがって、デフレ脱却時に歯止めが掛けられる、きわめて意志強固で強力かつ安定した政府を必要とする。

ここまでが当時の結論であった。中央銀行だけの努力ではデフレを脱却できない理由は、金利を全般的にゼロ以下に下げることが困難、という一般の人には実感しにくい技術的な問題である。他方、現代の中央銀行は、基本的に物価安定が使命として与えられており、日本銀行法も、その第二条で「日本銀行は、通貨及び金融の調節を行うに当たっては、物価の安定を図ることを通じて国民経済の健全な発展に資することをもって、その理念とする」とされている。したがってデフレ的な環境が続けば、中央銀行への不満は高まる。経済の閉塞感の根源がそこにあるかのように批判されるだろう。大胆な非伝統的金融政策の発動に期待が高まるのは不可避であり、第二のオプションに進む可能性がある、と筆者は考えていた。

二〇一二年秋にアベノミクスが登場し、大胆な金融政策が第一の矢とされた。金利がゼロまで下がってしまった段階における大胆な金融政策は、中央銀行が通常の金融政策で認められる範疇を超えて財政政策の領域に踏み込んでいく、ということに直結する。

財政政策については、国民の経済的負担となる政策はすべて議会の承認を得なければならない、とする財政民主主義の大原則がある。先に挙げた第二のオプションというステップを踏む、という場合は、民主主義的なプロセスと整合する形で、政府との協議を経て、議会の了承のもとに中央銀行が財政的な領域に踏み込んでいくことになる。そのように進めば、非伝統的金融政策から脱却する時に表面化しうる日銀の巨額の損失と財政民主主義との軋轢を避けることもできるだろう。筆者は、そう考えていた。

しかし、現実はそうは進まなかった。量的・質的緩和は、アベノミクスの一環とされながら独立性をもつ中央銀行である日銀の「自主的判断」としてなされ、政財界に大歓迎された。この間、この政策の財政政策的側面や、民主主義社会における中央銀行の独立性の前提について目を向けられることはほとんどなかった。

この政策の帰結はどうなるのか、民主主義社会で、その責任はだれがどのようにとることになるのか、というのが前著の続きとして本書を書き始めた当初の問題意識であった。

しかし、この政策の帰結を考える上では、日本経済の中長期的な姿について考え、それと金融政策との関連を検討する必要がある。書き進めるうちに、日銀の金融政策を評価するうえでは財政の問題もさることながら、日本にとってもっとも実効性のある成長戦略は一体どのようなものなのか、という議論を突き詰めて考えることが不可避だ、ということも筆者の中で明らかになってきた。

筆者は一九七四年から二〇〇六年まで日本銀行に在籍していたため、金融を主なバックグラウンドとしている。だが、上記のようなことから本書を執筆する過程で自分の専門領域を大きく越境した議論を展開せざるを得なかった。各々の専門分野の方からはお叱りを受けるべき点も多々あるだろうが、この点、あらかじめお詫びするとともに、筆者の大摑みな議論が、専門家の方々による精緻な議論のきっかけを提供することになれば幸いである。

目 次

第一章　金融危機後の金融政策とデフレの弊害
——国際決済銀行の見解

1　金融危機後の主要中央銀行の苦闘

金融政策の枠組みについてのアンナ・カレーニナ的見方

ほんの数年前まで欧米経済は光り輝いていた。一九八〇年代の後半から二〇〇六年頃まで続いた「大安定期（グレート・モデレーション）」である。インフレは影をひそめ、景気もおおむね持続的に拡大を続けていた。この好循環はいつまでも続くかにみえた。しかし、二〇〇七年に表面化し、二〇〇八年九月のリーマン・ショックをピークとする国際的な金融危機はその幻想を粉々に打ち砕く。その後、先進国の中央銀行は深刻な不況とデフレ圧力にさらされはじめる。多くの中央銀行がいわゆる「非伝統的金融政策」を採用しはじめた。二〇一四年には、一部の中央銀行がそこからの出口を模索し始めている。しかし、金融政策正常化への道のりは遠い。

ここに至る主要中央銀行の苦闘の姿はさまざまである。トルストイの小説『アンナ・カレーニナ』の冒頭部は「幸福な家庭はすべて互いに似かよったものであり、不幸な家庭はどこもその不幸のおもむきが異なっているものである」(木村浩訳、新潮文庫)という有名なフレーズで始まる。かつてポール・クルーグマンは、このフレーズが不況局面の異質性にも当てはまる、と論じたが、このフレーズは金融政策運営にもよく当てはまる。

「幸福な家庭」像の完成と崩壊

国際的な金融危機に直面するまで、先進国・地域の主要中央銀行の金融政策運営は、日銀を例外として、完成された姿に収斂しつつある、とみられていた。今日では、ノスタルジックに伝統的金融政策と呼ばれる「幸福な家庭」像への収斂である。その姿は以下のようなものである。中央銀行は、金融政策運営上、物価の安定のみに専念し、典型的には二%程度のインフレ率をめざす。「物価の安定」という明確に限定された目標を実現するための手段として中央銀行は政策金利である短期金利を誘導する。景気過熱期には高く、不況期には低めに。短期金利を適切に誘導することだけで、中央銀行は景気の過熱や不況をふせぎ、インフレ率を安定化させることができる。政府の選挙目当ての短期的誘惑に金融政策が振り回されないよう、国会は中央銀行に金融政策運営の独立性を与える。結果として、経済も潜在的な成長率から大きく乖離することなく、持続的に成長していく……。

冒頭で述べたように、一九八〇年代の半ばから二一世紀の初頭までの「大安定期」はこうした金融政策の成果、という見方は学界でも中央銀行の間でもどんどん強まっていった。欧米のマクロ経済学者の多くは、景気循環の問題は解決ずみ、と本気で考え始める。

二〇〇三年の全米経済学会で、当時会長であったロバート・ルーカス(シカゴ大学。合理的期待をマクロ経済学に導入したことで名高く、ノーベル賞を受賞した)が「大不況の回避という問題は完全に解決された」と述べたことはよく知られている(Lucas 2003)。プリンストン大学教授時代、大恐慌の研究家として知られ、のちに連邦準備制度理事会議長になったベン・バーナンキは理事時代の二〇〇四年の講演で「より優れた金融政策こそが大安定期をもたらした主役だ」と述べた(Bernanke 2004)。

一九九〇年代初めに資産価格バブルが崩壊し、地価がつるべ落としに下がり続ける中で、金利をゼロにまで下げ財政を大規模に拡大してもデフレを払拭できない日本は、実に薄気味悪い例外だった。この日本問題は、欧米学界では、早期に大胆に手を打てばバブルの後遺症は軽かったはずだ、とすることでとりあえず折り合いがつけられていく。

しかし、二〇〇七年夏に本格化した金融危機以降のさまざまな経験で、中央銀行の「幸福な家庭」はあっけなく崩壊する。金融危機により、金融機関、企業のバランスシートには大きな穴が開いてしまった。こうしたバランスシートの傷を抱える不況のもとでは短期金利を動かすくらいでは景気は好転しない。先進国の政策金利は、金融危機後、またたく間にゼロに到達する。短期金利を動かす余地はもうない。そのあと、主要中央銀行は社会におけるそれぞれの立ち位置に応じた非伝統的金融政策へと突入する。為替市場への無制限介入、量的緩和、失業率等と将来の金融政策運営を関連づける「フォワード・ガイダンス」による期待への働きかけなどがそれらの例である。「大安定期」をもたらしていたと思われていた中央銀行の神通力は、あっさり失われたのである。

金融危機後かなりの時間を経てバランスシート修復に一応の目途が立っても、経済の立ち直りがあまりに遅かったことから、人々は人口問題や技術革新の停滞などに改めて目を向け始める。先進国経済は長期停滞に落ち込みかけているのではないか。欧米では、中央銀行が二％のインフレ目標を捨てて高率のインフレを目標にした方が長期停滞を避けられるのではないか、という議論も台頭しはじめている。楽観論の崩壊は、物価安定の定義の再検討や民主主義社会における中央銀行の位置づけへと波及しつつある。

国際決済銀行の年次報告とクルーグマンの批判

しかし、問題の全体像について論じるのは、まだ早い。この章では、とりあえず、デフレと非伝統的金融政策について鳥瞰するところから議論をはじめよう。素材として用いるのは、二〇一四年の六月末に発表された国際決済銀行の年次報告書(BIS 2014)第五章の後半である。ここでは、金融政策の正常化の問題が取り上げられている。

国際決済銀行は、一九三〇年にドイツの第一次大戦賠償支払に関する事務を取り扱う機関として設立された。中央銀行をメンバーとする組織であり、スイスのバーゼルに本部がある。中央銀行間の協力促進や情報交換の場を提供しており、そのレポートには、いかにも中央銀行家の集まりらしい見解がしばしばみられる。

よく知られているように米国のリベラル系の論客や、日本のリフレ派の人たちは、大胆な金融緩和や財政拡大によるデフレ脱却を主張してきた。その議論は比較的よく知られている。国際決済銀行の論調は、これとかなり異なる。大規模な金融緩和の継続に危機感を持ち、金融政策の早期正常化の必要性を強く意識している。このため、国際決済銀行は、上記の人々に目の敵にされている。代表的論客であるポール・クルーグマンは、この年次報告についても二〇一四年七月一二日のブログで以下のように厳しく批判している。

年次報告を通じて、バランスシート問題は、あたかも実体経済上の構造問題のように扱われている。つまり、長期間、高い失業率を甘受することのやむを得ない理由のように扱われる。そして、苦痛を和らげるかもしれない人為的な刺激を退ける。

しかし――アービング・フィッシャーならきっとそう言っただろうが――それは、バランスシートを重視する立場から導き出されるべき含意ではない。反対に、バランスシート・モデルが強調するのは、レバレッジを引き下げるプロセスを放置すると莫大で不必要なコストを経済に負担させる、ということだ。〔中略〕バランスシート不況論は、民間部門のバランスシートがきれいになるまで需要を下支えするための財政赤字、そして財政政策を支えるための金融政策、過剰債務にしばられていない人への支出を刺激し債務の実質価値を減らすためのインフレ目標の引き上げ、といった行動主義的な政策を支持する圧倒的な理由になる。

ここで言及されているアービング・フィッシャーは、バランスシート不況論の源流にあたる負債デフレの理論の創始者であることは言うまでもない。

国際決済銀行が言ってきたことは見当外れだったか

しかし、クルーグマンの見方は、国際決済銀行の見解をやや過度に単純化している。また、国際決済銀行のエコノミストの議論には、その意見に同意できない場合にも留意しておくべき洞察が多く含まれている。二〇〇〇年代前半の大安定期、異例の低金利政策を展開して学界から絶賛されていたアラン・グリーンスパン連邦準備制度理事会議長が提唱していた「バブルは放置し、後始末すればよい」、という主張の危険性をいち早く指摘したのは、ウィリアム・ホワイトやクラウディオ・ボリオなど国際決済銀行のエコノミスト達だった。しかし、欧米経済学界の多数派は金融危機の勃発まで彼らの警告を無視し続けた。

他方、以下で取り上げる国際決済銀行とクルーグマンは、ともにバランスシート問題を重視している。この点から間接的に浮かび上がるのは、欧米と日本が置かれている状況の違いである。というのは、日本では、政府部門こそ巨額の債務を抱えているものの、民間部門のバランスシート問題は一段落しているからである。

また、クルーグマンをはじめ欧米で総需要政策の必要性を論じる人たちの最大の論点は、失業問題であり、職に就けない多くの人々がいる、という点に焦点をあてた政策の必要性である。人口減少・高齢化で人手不足に悩み始めている日本では、これまでも失業率は欧米対比、一貫して極めて低かった。これらの点は、後の章で取り上げる日本の問題の源泉をどうとらえるか、ということと深くかかわる。

以下紹介する年次報告書の議論には、一般の読者には、やや読みづらい専門的な議論も含まれている。そこで、以下では、国際決済銀行・年次報告書第五章の後半の抄訳の前後に、国際決済銀行の議論の補助線になるような質問やコメントを挟むインタビュー形式に仕立て直してその議論を紹介してみたい。その際、やや専門的な用語、報告書公表後の大きな変化などは亀甲カッコ〔…〕の中で補足している(丸カッコ(…)は原文にあるものである)。また、小見出しを補い、改行箇所をふやす一方、図表の多くと参考文献は割愛した。原文は国際決済銀行のホームページにアップされているので、厳密な内容に関心がある読者は原文を参照していただきたい。

2　国際決済銀行への「インタビュー」

金融政策運営上の主要な課題

それでは、まず、中央銀行の直面している金融政策上の主要な課題から議論の紹介を始めましょう。この点について、国際決済銀行は、どう見ているのですか。

中央銀行は幾つかの難題に直面していると思います。バランスシート不況(つまり金融危機と持続不能な債務の積み上がりから誘発された景気後退)から回復しつつある主要先進経済地域(the major advanced economies)にとっての主要な問題は、金融政策が経済を刺激する能力をかなり失ったようにみえるときに、金融政策スタンスをどのように設定すべきか、ということです。

しかし、金融危機を乗り切るうえで、金融政策は大きな役割を果たしたのではないでしょうか。

中央銀行は今回、金融危機の影響が拡散するのを抑えるうえで、中核的な役割を果たしました。しかし、六年におよぶ先進経済地域での金融緩和にもかかわらず、景気回復は例外的に遅いままです。このことは、金融危機を克服した後の拡張的金融政策の有効性への疑問を投げかけるものです。

金融政策の有効性は、大きくいって二つの理由から限定的になっています。一つは、名目金利の下限がゼロという制約です。そして、もう一つはバランスシート不況の後遺症です。

第一の名目金利の下限がゼロという制約は、金利低下によって需要を拡大させるという中央銀行の能力を制約します。この状況は、中央銀行が、なぜ将来の金利経路についての期待に働きかけたり、大規模資産購入プログラムを導入したりすることで、追加的な刺激を供給しようとしているのか、についての説明を与えます。

しかし、これらの政策にも限界があります。たとえば、〔長期金利の金利変動リスクや流動性リスクを反映した上乗せ分である〕ターム・プレミアムと〔デフォルトの可能性などに由来する信用リスクを反映した上乗せ分である〕信用リスク・スプレッドは、多くの国においてすでにきわめて小さくなっています。それらをさらに大きく低下させることはできません。

さらに、〔中央銀行が長期国債などを大量に買う量的緩和で長期金利を低下させ〕ターム・プレミアムを時にはマイナスの領域にまで押し下げることは、〔満期が短い預金を長期資産に運用するという〕満期変換による銀行の利益を減らし、銀行の貸出意欲を減退させます。マイナスの名目金利を実現する余地は非常に限られていますし、その効果も不確実です。そもそも貸出を増やすインパクトがあるかどうかは疑わしいでしょう。

また、金利の低下余地が限られているということは、金融政策が為替レートに与える効果も小さくなっている、ということです。全体として、ゼロ金利という制約のもとで追加的な景気刺激を行うことは、どんどん難しくなっています。

バランスシート不況の影響

非伝統的金融政策を強化すると、効果はどんどん小さくなり、副作用はどんどん大きくなる、と考えているのですね。その背景にバランスシート不況の後遺症がある、と考えているようですが、この点について、もう少し説明してください。

バランスシート不況の後遺症は、政策効果を弱めます。その理由の幾分かは、金融的な要因によります。金融部門が傷つくと、金融機関の信用供与態度は、金利引き下げに対する前向きな反応が鈍ります。

他方、信用に対する(家計や企業など)非金融部門からの需要も鈍化します。非金融部門は、借入を増やすよりも先に、楽観的すぎる収入への期待をもとに背負い込んでしまった負債を返済したい、と考えているからです。それが、バランスシート不況のあとでは、「信用拡大なき回復」が当たり前になってしまう理由です。

しかし、バランスシート不況の後遺症には非金融的要因もあります。いつまでも続くものではない金融ブームのもとで、資本と労働者が不適切なところに投入されてしまったことが、総需要管理政策で経済を刺激する力を奪ってしまう可能性があります。

たとえば、住宅建設部門は、ふつうは、他のセクターよりも金利の低下に敏感に反応します。しかし、この部門はブームの間に拡張しすぎてしまいました。歴史的にみても、通常の景気後退期には、大規模な金融緩和を行うほどそれに続く景気回復は力強いものになる、という正の相関関係がみられるのですが、金融危機が起きてしまうと、大規模な金融緩和が力強い景気回復をもたらす、という関係は失われてしまいます。

さらに、景気後退時に、〔自己資本の何倍の債務を抱えているかを示す比率である〕レバレッジをきちんと引き下げることができた場合には——そのはかり方にはいろいろありますが、どの尺度でも——最終的にはしっかりした景気回復をもたらす、という関係がみられます。

構造問題と金融政策

バランスシート不況の後遺症については、日本は、バブル崩壊後、これに非常に苦しめられましたが、現在、民間部門は、そこからは抜け出しています。代わりに、今回は欧米がこれに苦しんでいる、ということになります。しかし、日本の経験に照らしても、バランスシート不況だから金融緩和をしても仕方がない、ということにはならないのではないでしょうか。クルーグマンも指摘しているように、むしろ、金融緩和を強化する論拠になるのではないですか。

先に述べたことは、バランスシート不況からの回復過程で金融緩和がなんの役割も果たさない、ということを意味するわけではありません。金融危機の影響の拡散を防ぐために、金融危機の早期の段階では一定の金融緩和はあきらかに必要です。

しかし、金融政策の有効性が相対的に失われている中で、経済が直面している問題への直接の対応策であるバランスシートの修復と構造改革の代替的手段にはなりえない、ということです。

その点が認識されていないと、有効性が限られているがゆえに、その手段をより長く、より強力に展開する、という実りのない努力につながってしまいます。その結果は、なかなか回復しない景気と想定外の副作用の高まりです。

金融危機後は、そうした副作用が特に高まります。とくに、長期化したアグレッシブな金融緩和は、バランスシート修復と必要な構造改革のインセンティブを弱め、それにより、本来必要とされる資源再配分を妨げてしまいます。また、金融市場における過大なリスク・テイキングの下地も作ります。

それは異なった景気循環局面にある他の国ないし地域の経済へ好ましくない形で溢れ出していきます。言い換えれば、限られた政策効果のもとで、長期化した金融緩和の費用と便益のバランスは時間の経過とともに、どんどん不利な方向に変化していく、ということです。

日本の経験

この点はかつて日本でも意識されていました。一例として、一九九九年一〇月八、九日にフランス銀行で開催されたコンファレンスのために用意された山口泰副総裁(当時)の講演原稿(山口 一九九九)をご紹介しましょう(結局、副総裁は出席できず、代理出席した日銀・ロンドン駐在参事が代読し、ホームページにドラフトが掲載された幻の講演です)。その中で、山口副総裁は、以下のように述べています。

……この構造要因が経済の拡大の重石として作用する場合に、金融を緩和して経済活動への調整圧力を和らげることが考えられる。〔中略〕この場合、金融緩和は金融機関のリストラ努力が実を結ぶまでの「時間をかせぐ」政策と位置付けられる。〔中略〕金融政策は必要な構造政策や構造調整を代替することは出来ないことを強調したい。日本銀行の思い切った金利引下げや果断な最後の貸手機能の発動により、デフレやパニック的な状況を回避することに成功したが、その分、金融機関が真剣なリストラ努力を行なうのを先延ばしする副作用が生じた可能性も否定できない。〔中略〕日銀の行った金融緩和はデフレを何とか回避するという点では前述の通り何とか成功を収めたが、当面の危機が回避されることによって、根本的な解決策の採用を遅らせるという大きな副作用は無かっただろうか、という点は今後十分検討を要するところである。

現在の国際決済銀行の考え方は、この当時の日銀・山口泰副総裁の考え方と、そっくりではないでしょうか。ちなみに、この講演で、山口副総裁は構造調整問題として、第一に、不良債権問題(経済全体としての自己資本の毀損に伴う対応能力の低下)、第二に、規制や法制、税制といった「広義のインフラ」の整備の遅れ、第三に「日本的雇用慣行」や「日本的コーポレート・ガバナンス」(経済全体が大きな構造調整を乗り越えて成長するために必要な労働と資本の再配分——衰退産業から成長産業へのシフトや、非効率な企業から効率的な企業へのシフト——の阻害要因)の是正を挙げています。これら三つの要因は、いずれも金融政策にとっての「与件」であり、その意味で、構造要因と位置付けられるものだ、というのです。

その後、日本は、これらのうち、当時、喫緊の課題であった不良債権問題はなんとか克服しました。他方、第二、第三の点についても、安倍総理が、規制改革を「アベノミクスの一丁目一番地」と位置付け、コーポレート・ガバナンスの強化が成長戦略の重要な柱とされているなど、認識は進んでいるようにみえます。ちなみに、アベノミクスについてはあとで検討しますが、「第一の矢」の大胆な金融政策と「第二の矢」の機動的財政政策は時間稼ぎで、第三の矢の成長戦略が本命、とされている点、理解の構図としては山口講演とよく似ています。

人口問題という視点の欠落

しかし、いま読み返すと、山口副総裁の講演には、あとで検討するような不良債権問題克服後の日本の低成長のもっとも本質的な要因——人口減少と超高齢化という問題——についての言及がないことに気がつきます。当時、日銀の中でこの問題を深刻に考えていた人はほとんどいなかったと思います。私自身も、総需要不足によるデフレギャップの解消に向けた短期のマクロ経済政策の方に関心が向きがちで、氷河のように動きの遅い人口動態については、残念ながら警鐘を鳴らすどころか「短期にはほとんど変化しない与件」程度にしか考えていませんでした。この点は、日銀だけではなく、日本全体として、大きな見落としがあり、いまでも認識が十分ではない、と思います。この問題は、成長戦略をとりあげる本書第四章で考えることにして、国際決済銀行の報告書に話を戻しましょう。

このあと、報告書では、先進国の金融政策の新興国へのスピルオーバーの問題を取り上げています。先進経済地域の非常に緩和的な金融政策は民間部門のリスク・テイキングに影響をおよぼすだけでなく、発展途上地域の資産価格と資金の流れに大きな調整圧力を及ぼす可能性があります。これに対し、新興国はいかに対応すべきか、先進経済地域の主要中央銀行はスピルオーバーを踏まえて行動すべきか、ということについて報告書ではいろいろ議論が展開されています。しかし、残念ながら紙幅がありません。ここでは、その部分は割愛し(興味がある方は、是非、原典にあたってください)、先を急ぎましょう。

予想外のディスインフレとデフレのリスク

次に、報告書が取り上げているのは、予想外のディスインフレ、つまりインフレ率が下がっていく、という現象ですね。これは、どういうことでしょうか。

この一年、多くの中央銀行は予想外のディスインフレ圧力に直面しました。結果として、インフレ率は低下したり、目標を下回り続けたりしました。この圧力は先進経済地域において特に驚くべきも

のでした。なぜなら、長らく待っていた景気回復がようやく進みつつあるように見えたからです。金融政策にとって最も重要な課題は、こうした圧力にどう対応するのが最善なのか、ということです。

どう対応すべき、と考えているのでしょうか。

他の事情がまったく同じならば、一般論では、インフレ率が予想外に目標を下回れば、より緩和的な金融政策スタンスが必要になります。しかし、どう反応するのが適切なのかは、他の数多くの要因に依存します。ここで、特に重要なのは、ディスインフレのコストと便益の大きさをどう捉えるか、ということです。

これまでの経験に照らすと、考慮にいれるべきその他の要因としては、拡張的な金融政策の効果は金利がゼロ以下に下げられない、という制約のもとでは限られたものになること、とくにバランスシート不況からの回復過程では、より一層限られたものになる、と考えられることです。

このあと、報告書は、ディスインフレの持続は一時的現象であろう、という見方を示していますね。期待インフレ率が安定している、というのがその主な理由で、こうした状況ではインフレ・スパイラルやデフレ・スパイラルは起きにくい、とされています。しかし、ここも少し端折らせてもらいます。国際決済銀行の言うようにディスインフレが一時的現象である可能性が高くても、もし予想外に長引いてしまったり、デフレになったりすると国民経済的コストは大きい、というのがマクロ経済学者の通説ではないか、と思うからです。そう考えると、一時的である可能性が仮に高いとしても、ディスインフレにつながるリスクの芽は摘むように行動すべきだ、となるのではないでしょうか。

もし、予想外にディスインフレが長引いたとしても、そのコストは、一般に考えられているより小さいのではないでしょうか。ディスインフレ圧力の源泉が問題です。もし、それが、需要不足ではなく、ポジティブな供給サイドの展開によってもたらされているとすれば、そのコストはより小さいことが知られています。

近年のディスインフレ圧力の一部は、このようなポジティブな供給サイドの力、特に、現在も進行し続けているグローバリゼーションがもたらしている国境を越えた激しい競争の影響であることが知られています。

日本でも、かつて「よいデフレ・悪いデフレ」という論争がありました。しかし、日本ではごくマイルドなデフレからなかなか脱却できず、いったん脱却しかけても、大きなショックに見舞われるとすぐデフレに戻ってしまう苛立ちの中で、「理由を問わずデフレは悪、よいデフレは存在しない」、という見方が強いようで、日銀は二〇一四年秋に典型的な「よいデフレ」である原油価格低下にも、「原油価格の下落は、やや長い目でみれば、日本経済に好影響を与え、物価を押し上げる方向に作用すると考えられるが、短期的とはいえ、現在の物価下押し圧力が残存する場合、これまで着実に進んできたデフレマインドの転換が遅延するリスクもある」(追加緩和時の黒田総裁記者会見)として、金融緩和の強化で対応しました。国際決済銀行は、なぜ、よいデフレの可能性を強調しているのでしょうか。

ディスインフレについての分析は、物価の持続的下落についてもあてはまります。これまでのところ、ディスインフレの分析とだいたい同じ理由で、中央銀行はデフレに陥るリスクは無視してもよい程度と判断してきました。実際、歴史的経験によれば、デフレ的なスパイラルは例外的であり、デフレ的期間、とくにマイルドなデフレは持続的成長と整合的でした。成長とディスインフレの共存は、いくつかの国でここ何十年か実際に経験されてきましたが、うたがいなくその背景には供給サイドの好ましい要因があります。

負債デフレの議論と日本の経験

連邦準備制度の二〇〇〇年代以降の金融政策運営に照らしても、中央銀行がデフレのリスクは無視できると判断してきた、というのは言いすぎではないでしょうか。それに、そうした考え方を現在の欧米やかつての日本のようなバランスシート不況のときに当てはめるのは、危険ではないでしょうか。

たしかに、こうした歴史的経験があるとはいっても、現在の高い負債水準に照らして物価下落の可能性は懸念すべきではないか、という疑問はあり得ます。疑いなく、巨額の負債の存在は一般物価の下落のコストをより大きくします。既存の契約における金利負担を同額だけ調整しなければ、他の事情が同じなら、物価の下落は所得対比の債務負担をより大きなものにします。

しかし、歴史的経験に照らすと、資産価格の下落の方が財・サービス価格の下落よりはるかに大きなコストを伴っています。変動幅の大きさからみて、資産価格の下落自体の方が、実体経済の純資産にはるかに大きなインパクトをもたらすからです。

たとえば、かつて日本が経験した困難の何よりも最大の理由はバブルの崩壊に伴う資産価格、とりわけ不動産価格の急落に伴うものであり、緩やかな一般物価の下落に伴うものではありませんでした。


報告書では名前を出していませんが、ここで念頭に置かれているのは、バランスシート不況下でのデフレの弊害としてよく挙げられるアービング・フィッシャーの負債デフレーションの議論ですね(Fisher 1933)。これは、クルーグマンが国際決済銀行批判でも述べているように、物価下落により債務者の実質債務負担が増加していくことが悪循環をもたらす、というものです。また、クルーグマンはいろいろな機会に物価下落が(名目金利からインフレ率を引いた)実質金利を高めることを強調しています。フィッシャーないしクルーグマンの議論は、デフレ阻止の必要性の有力な論拠になってきましたし、一般論として、この議論は無視すべきではない、と思います。

ただ、こうしたメカニズムが、日本のバブル崩壊期の苦境とあまり関係がなさそうである点は、私も国際決済銀行の指摘通りだと思います。日本で、現実に起きたことは、物価がほぼ横ばいに推移するもとで、池の中に投げた石が沈んでいくような急速な資産価格、とりわけ地価の下落でした(**図1-1**)。それが土地担保に大きく依存していた日本の金融システムを崩壊に導きました。地価は上がり続けるという土地神話を前提にした土地担保依存のシステムの崩壊によってもたらされた金融の機能不全は経済活動に大きな困難をもたらしました。これはバブル崩壊後の日本経済にとってもっとも強力な逆風だったでしょう。

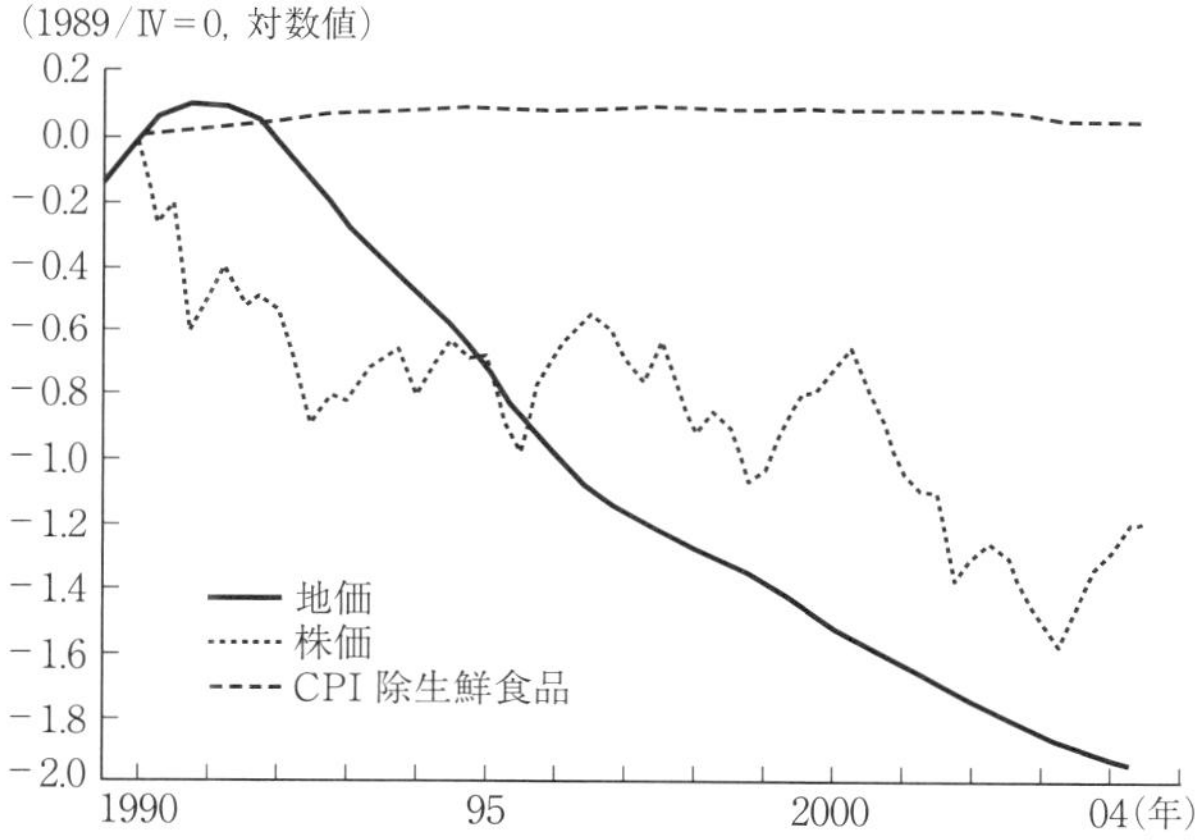

注：CPI 除生鮮食品は，ARIMA モデル(0 1 2)(0 1 1)および消費税導入(1989 年 4 月)および引上げ(1997 年 4 月)時にレベル・シフト調整を適用して，X12-ARIMA によって計算.
出典：翁邦雄・白塚重典「資産価格変動，構造調整と持続的経済成長：わが国の 1980 年代後半以降の経験」『金融研究』第 23 巻第 4 号，2004 年

図 1-1　バブル崩壊後の資産価格動向と消費者物価動向

しかし、それを認めたうえで、だからと言って金融緩和を強化しない方がよい、という理由にはならないでしょう。具体的に金融緩和の何が問題だと考えているのでしょうか。

金融の安定性への懸念は、二年以内にインフレを目標水準に押し戻そうとする考え方に疑問を投げかけるものです。特に〔信用供与が実体経済活動に比べて行き過ぎて膨張しているなどの〕金融不均衡が積み上がっている場合には、インフレ率が目標を下回ることを許容することが適切であるかもしれません。他の事情が同じであれば、〔インフレ率を無理に

押し上げず」目標を下回ることを許容するように対応しなければ、金融的なブームが崩壊したときに好ましくないデフレ的圧力にさらされかねません。

この点と金融政策の効果が減退しているというエビデンスを併せ考えると、最近のディスインフレ圧力は、細心のモニタリングに値するものの、一層の金融緩和については、その効果を弱めている要因およびそのコストを注意深く評価する必要があると考えます。

このコメントは、おそらく、一九九〇年代に主流だった「おおむね二年以内にインフレ目標達成を目指す」という古いタイプのインフレ目標政策の一般論に釘を刺したものだと思うのですが、期せずして、「二年以内に二%のインフレ目標達成」に強くこだわる量的・質的緩和に対する警鐘にもなっていると思います。この点は、日本の金融政策を考えるときに再考することにして、先に進みましょう。

歴史的にみたデフレ

それにしても、国際決済銀行は、デフレをあまり怖がっていない、というか、バブルのように大きなダメージをもたらすとは限らないと思っているようですね。それはなぜですか。

デフレの姿はまちまちです。一九世紀から二〇世紀初頭にかけてと、一九九〇年代以降に多く見られた物価下落、という歴史的経験により、デフレのダイナミクスについての重要な特徴を明らかにす

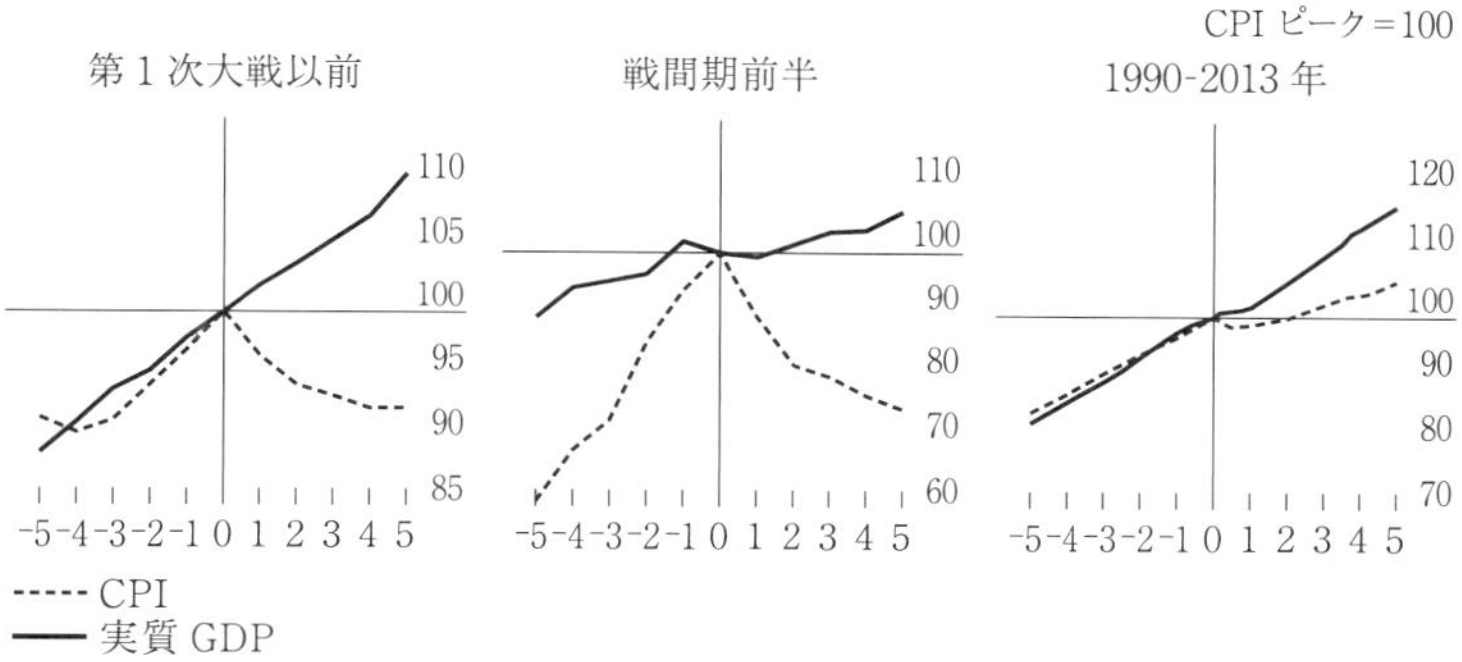

注：計算の詳細は，C. Borio and A. Filardo, "Looking back at the international deflation record", *North American Journal of Economics and Finance* Vol. 15, No. 3, December 2004 参照.
出典：BIS(2014)

図 1‒2　デフレ期前後の成長率：「よい」デフレと「悪い」デフレ

ることができます。それは、以下の四点です。

まず、第一に、歴史的な経験は、トレンドに沿った持続的な成長、ないし穏やか・かつ一時的な停滞と共存した、という意味で、「よい」あるいは少なくとも「無害な」デフレの例で満ち溢れていることです。

第一次世界大戦前の時期について言えば、デフレはおおむね無害なものでした。実質GDPは物価の下落にもかかわらず、成長を続けました。物価のピーク前後五年間の平均実質成長率はほぼ同じです（二・三％対二・一％、図1‒2左）。

戦間期のはじめ（おもに一九二〇年代）、より大きなコストを伴う「悪い」デフレの事例が多少、増加します（図1‒2中央）。産出量は引き続き増加していますが、そのテンポは遥かに緩慢なものになり、物価のピーク前後五年間の平均実質成長率は二・三％対一・二％にまで差が開きます（戦間期の真に深刻なデフレの印象は、例外的な経験である大恐慌により形成されています。このとき、G10諸国の物価は累積で二〇%下がり、産出量は一〇%減少しました。ただし、この経験は、図中央のグラフには十分に反映されていません)。

最近の四半世紀のデフレのエピソードは、戦間期初めころのデフレよりも、第一次大戦前に経験された良性のタイプにはるかに近いものです(もっとも、近年のデフレは、つかの間の現象であることが多く、物価水準のピークを定めるのは、はるかに難しいのですが)。物価のピーク前後五年間の平均実質GDP成長率は三・六%対三・一%であり、その差は統計的に有意ではありません。

デフレは景気後退の結果

デフレに対して寛容なこの経済史観は、大恐慌のトラウマが色濃い米国や最近の日本とは対照的にきわめて欧州的で、バーゼルに本部がある国際機関らしいですね。なぜこうした違いが生じているかは興味深い問題ですが、他の場所で書きましたので興味がある方にはそれをお読みいただくことにして(翁 二〇一三a)、先に進みましょう。デフレが名目金利からインフレ率を差し引いた実質金利を押上げる、というクルーグマンが特に強調しているデフレの弊害、そしてそれが実体経済をさらに収縮させる、といういわゆるデフレ・スパイラルの悪循環についてはどう考えているのでしょうか。

歴史的経験に見られるデフレのダイナミクスの第二の特徴は、一般的に、デフレ・スパイラル・リスクが内在してはいないことです。

大恐慌の経験のみが、物価の持続的かつ大幅な下落という形のデフレ・スパイラルによって特徴づけられています。他のエピソードにはこうした特徴は見られません。第一次大戦前のエピソードの場合、物価下落は持続的でしたが大きくなく、消費者物価指数の平均的累積的下落率はおよそ七％でした。

より近年について言えば、デフレのエピソードは短命かつマイルドな物価下落にとどまってきました。注目すべき例外である日本の事例で、一九九〇年代後半からごく最近までの累積下落率はおよそ四％です。このエビデンス、とくに近年のエビデンスは、デフレがデフレの悪循環をもたらす、という概念への反論になるでしょう。さらに、賃金が、歴史的な過去のデフレ期の事例にくらべ、より硬直的であることが、賃金と物価が下方スパイラルを強めあうという展開の可能性を低下させています。

この点は、日本でのデフレの評価についての重要な論点を含んでいるように思います。たしかに、国際決済銀行が指摘するように、日本では、例外的にごくマイルドなデフレが長期間持続しました。しかし、他方で、国際決済銀行の議論に反し、この間、日本では賃金の下方硬直性を解消し、あとでみるように失業率は他の国に比べて極めて低い水準にとどまりました。

しかし、失業が発生しなかった、ということは、労働者の部門間の移動も不活発になることを意味します。衰退産業が労働者の賃金を引き下げて生き残る、という姿は生産性が高い部分がどんどん労働者を雇って潜在成長率を上げていく、という姿には結び付きにくい、という面も出てきます。

日本におけるデフレの重要な背景になった賃金の下方硬直性の解消には、プラス面とマイナス面があります。それをどう比較衡量し、評価するかはデフレの評価にも跳ね返ります。しかし、日本ではデフレが労働者の雇用を守ることにつながった、という面より経済活動を停滞させた、という面が強調されていますね。

国際決済銀行は、デフレとマクロ経済動向の因果関係についてはどう考えているのでしょうか。

歴史的経験に見られるデフレのダイナミクスの第三の特徴は、資産価格デフレの方が一般物価の下落よりマクロ経済のパフォーマンスをつねに大きく悪化させる、ということです。実際、米国の大不況でも、一九九〇年代の日本のデフレでも、それに先行して株価、そしてとくに地価が大幅に下落しています。

この観察結果は、因果関係の連鎖が、一般物価のデフレから経済活動へ、という方向よりも、主に資産価格デフレから実体経済の後退へ、そしてデフレへと進むことを示唆しています。デフレが進行する前に、まず実質GDPが収縮する、という傾向がみられるのです。戦間期の物価と産出量の軌跡(図1―2中央)も、この見解を支持するものです。

第四に、最近のデフレのエピソードはしばしば資産価格上昇、信用の拡張、力強い産出量の拡大と併存しています。そうした例の中には、一九九〇年代と二〇〇〇年代の中国やノルウェイなどが含まれています。

この場合、インフレ率を目標水準に近づけるため、よいデフレに緩和的な金融政策で対応することにより、金融不均衡の蓄積に意図せず手を貸すリスクがあります。よいデフレを阻止するためのこのような努力は、不均衡が最終的に破壊的な巻き戻され方をしたときには、時間の経過とともに、「悪い」デフレにつながる可能性があります。

先ほども言及しましたが、最近では、二〇一四年一〇月、原油価格の低下による予想インフレ率の低下を懸念した日銀の追加緩和もインフレ率を目標水準に近づけるため、よいデフレに緩和的な金融政策で対応した例ですね。要するに、国際決済銀行としては、害がそれほど大きくないマイルドなデフレに異例の大規模緩和を長期間発動することで立ち向かうことを疑問視している、ということだと思います。その理由は、過去同様、現在のデフレ圧力もかなりの部分が供給サイドにある、と考えているからだと思います。これに対し、クルーグマンらは、大量の失業者が発生している欧米の現状は、第一義的に需要不足であると考えています。この点が、議論がなかなかかみ合わない大きな背景でしょう。これは重要な論点で、長期停滞論や潜在成長率との関連で、本書第四章等で取り上げたい、と思います。しかし、ここでは先に進みましょう。

金融政策の正常化プロセス

さて、デフレ脱却にメドがついたら、中央銀行は、現在の異例な金融緩和からの出口を模索する必要があることになります。国際決済銀行としては、正常化のプロセスをどう考えているのですか。

異例の金融緩和からよりノーマルな金融政策運営への移行にあたっては、前例のないさまざまな難題が存在します。それに対処するには、適切なタイミングを選び、経済的、金融的、政治的要因を巧

みに揺い潜る必要があります。

ですから、円滑な正常化の実現は容易ではありません。出口が大荒れになると予想されることと、その他の要因を併せて考えると、中央銀行が出口から遅すぎるタイミングに遅すぎるスピードで退出するリスクが圧倒的に大きいでしょう。

確かに、正常化が容易でないことは間違いありません。実際、二〇一五年一月のスイス国民銀行の無制限介入からの撤退は、瞬時にスイスフランを三割増価させ、その衝撃は国際的に波及して国際金融界を震撼させました。その後、スイスフランは少し反落したものの、スイス国民銀行のバランスシートは大きく毀損されたままです。しかし、無制限介入からの撤退が遅れれば、スイス国民銀行のバランスシート毀損はさらに甚大になったはず、との指摘もあります。スイスの経験については、次の章でも取り上げます。ただ、出口までの距離については、主要中央銀行の置かれている状況はそれぞれかなり違うのではないでしょうか。

先進経済地域の中央銀行の政策正常化への距離はまちまちです。イングランド銀行は、二〇一二年なかばから購入資産の残高を一定水準にとどめ、純増させていません。連邦準備制度は金利引き上げの前段階として、二〇一四年に資産大規模購入プログラムの一定のペースでの減少に着手しました〔二〇一四年一〇月にプログラムを終了〕。これに対し、日銀は、いまなおアグレッシブなバランスシート拡大プログラムを実行中です〔二〇一四年一〇月に追加緩和を実施〕。また、欧州中央銀行はターゲットされた長期リファイナンス・オペレーションと政策金利の前例のない水準への引き下げをアナウンスしています〔二〇一五年一月に量的緩和を導入〕。

各中央銀行は、政策の正常化のペースを景気回復の力強さと、金融危機に関連したさまざまな逆風の変化をにらんで調整する意向を示しています。連邦準備制度は、労働市場の弱さという逆風とバランスシート問題は今後、二、三年で収まると予想していますが、マクロ経済のバランスが取れている状態と整合的な実質金利（すなわち、実質自然利子率）である二％への正常化には非常に長い時間がかかるとし、その理由の一部はグローバルな貯蓄過剰にあると考えています。また、イングランド銀行の金融政策委員会は、金融システムの緊張が続き民間および公的部門がバランスシート修復プロセスにあることから、自然利子率は低水準に押し下げられたままだ、とみています。欧州中央銀行は、異質の逆風に向き合っています。多くの要因のうち、とりわけ銀行のレバレッジ巻き戻しと金融システムの分断状態が数年にわたって景気回復の阻害要因になるとみています。

全体として、現在市場が予想している政策金利の経路と〔インフレ率とGDPギャップから適切な政策金利を計算する〕テイラー・ルールが示唆する〔平時の〕政策金利経路の間には大きなギャップが存在し、そのことは、逆風の存在とその持続性についての心象を形成しているのではないか、と思います。

正常化にむけた動きを急ぐべきか

国際決済銀行としては、各中央銀行は、なるべく早く出口に向かうべき、と考えているようにみえます。それは国際的な世論とは必ずしも同じでない、と思いますが。

今日における一般的な見解は、中央銀行は、経済が脆弱な回復軌道を外れる危険にさらされないように特段の注意を払うべきだ、というものです。

この見解によれば、デフレは大きなコストを伴うとみなされ、出口の遅れは大きな問題ではないことになります。インフレ率は上がるかもしれないが、中央銀行がそれに急速に追いつくことができる、とされています。さらにこの見解によれば、注意深いコミュニケーションを心がけ、いかなる出口についても十分早い段階でアナウンスし、漸進的に実施することを明確化することが、市場が混乱するリスクを限定する手助けになる、としています。

国際決済銀行は、この見方に同意しないのでしょうか。

この一般的な見解はいくつかの歴史的観察事実により支持されています。連邦準備制度の一九九四年の金融緩和からの撤退の決定は世界的に深刻な市場の緊張をもたらしました。

これに対し、あらかじめより明確に予想され、より漸進的であった二〇〇四年の金融緩和からの撤退はそうした大きな影響をもたらしませんでした。さらに、二〇〇四年のゆっくりした引き締めへの政策転換は中央銀行の手におえないようなインフレの高進をもたらしませんでした。実際、このときの政策転換は、一九九四年の政策転換プロセスに見られたいくつかの欠陥をかなりの程度回避するようにデザインされたものだったと思います。

しかし、中央銀行に対し、〔信用供与が盛んになり借入比率も上昇するような時期と、信用が収縮する時期の循環である〕金融サイクルという代償を払ってインフレと景気循環の抑制に焦点を絞れ、という提言は、政府債務ポジションに与えるインパクトを無視していますし、コミュニケーションの力を過信しているかもしれません。

各々の論点はさらに深める価値があると思います。

まず、〔インフレと景気に焦点を絞るべきという〕この議論は、金融サイクルへの懸念に注意を向けると、その魅力がかなり失われます。二〇〇三年以降のゆっくりした政策の正常化ペースこそが、信用拡張と地価上昇の強いブームを作り出し、金融危機をもたらした、と言えるからです。

たとえば、米国では、二〇〇〇年代の初めに、景気循環が転換点を迎え、株価が下落しました。しかし、金融サイクル上は拡張局面が続きました。現在の状況についてみると、いくつかの進展に細心の注意が必要です。

グローバルにみられる高い利回り追求への傾斜のサイン、金融的な不均衡のリスクが世界のいくつかの地域で積み上げられていること、債務が所得のレベルと釣り合いが取れるレベルに調整できないことに伴う民間部門の支払い金利に対する過敏さ、などの問題です。

政府債務へのインパクト

これらの点は、報告書全体の議論に深くかかわっていますね。ここで紹介しているのは報告書の第五章後半ですが、景気循環と金融サイクルは第四章、細心の注意が必要とされている各々のリスクは、第二、第四、第六の各章でおのおの論じられています。ところで、「政府債務ポジションに与えるインパクト」という部分は、何を意味しているのですか。

非常にゆっくりしたペースの正常化は、政府債務の持続可能性についての問題も提起します。そのようなインパクトのひとつは間接的なものです。金利を異例に長く・異例に低い水準に維持することは、困難な状態にある財政を再建するよい機会を提供します。しかし、多くの場合において、政府は誤った安心感を持ってしまい、必要な財政再建を先送りしてしまいます。

もう一つのインパクトは、より直接的なのに、あまり目につきにくいものです。中央銀行が政府債務ないし政府債務に準ずる債務を大量に購入すると、（自然体では短期的な債務でファイナンスすることになるので）中央銀行と政府により構成されている広義政府部門の統合されたバランスシートの債務の満期構成は短期化します。このため、短期金利の変化に対して政府債務の支払い負担がより大きく反応するようになります。

前者に関連して、マス・メディアでは安倍政権による二〇一五年秋の消費増税先送りの決定を可能にしたのは、二〇一四年一〇月の日銀の追加緩和による国債買い入れの大幅な増額で、日銀は消費税増税の御膳立てをするつもりだったのが政府に安心感を与えて逆効果になった、といった議論もされています。

債務構成の短期化という論点については、目につきにくい、というだけあって、かなりわかりにくいと思いますので、少し補足しましょう。いま、中央銀行が民間部門から長期国債を購入して代わり金を中央銀行当座預金勘定に振り込んで量的緩和を進める、というオペレーションを考えましょう。このとき、政府と中央銀行を合計したバランスシートを見ると、残存期間(満期までの期間)が三年とか四年とかあった長期国債が、要求払いの中央銀行当座預金に振り替わることで、統合されたバランスシートの満期構成は短期化し、より短期金利に左右されやすくなる、というようなことを言っているのだと思います。

この説明でも、まだ難解ですね。簡単な数値例を作ってみましょう。いま、短期金利はゼロ、長期金利は〇・五%とします。そして、政府は長期国債を金利〇・五%で三〇〇兆円発行し、民間金融機関は中央銀行に三〇兆円の金融機関当座預金を預けているとしましょう。この場合、政府と中央銀行を合わせた「統合政府」の民間への利払額は年一・五兆円です。ここで、中央銀行が短期金利を〇%から二%に引き上げたとします。あとで詳しく説明するように、量的緩和のあと短期金利を二%に誘導する方法はいろいろありますが、その有力な方法の一つは、中央銀行が金融機関から預かっている当座預金に二%の金利を払う、というものです。中央銀行は当座預金に年間〇・六兆円の利子を払います。しかし、すでに発行した三〇〇兆円の長期国債による民間への利払額は、これらの国債の残存期間の間は変わりませんから、利上げ後の統合政府の金利負担は、二・一兆円にしかなりません。

次に中央銀行がオペで民間にある長期国債を全額買い取り、中央銀行当座預金に置き換えたとします。民間部門の国債を全部吸い上げてしまうので民間への利払いはゼロになります。財政は一時的にラクになりますね。しかし、そのあと、中央銀行が短期金利を〇%から二%に引き上げ、中央銀行が三三〇兆円の当座預金に二％の金利を払うと、今度は統合政府の金利負担は四倍強の六・六兆円になってしまいます。量的緩和の結果、統合政府のバランスシートは短期金利の影響を大きく受けるようになった、というわけです。そうしたことは、政府と中央銀行の関係にどのように作用しますか。

このことは、中央銀行が適時に適切なペースで金融政策の正常化を進めようとすることを抑える政治経済学的な圧力、すなわちフィスカル・ドミナンスとして作用しかねません。政府は疑いなく予算が組みにくくなるような状態は好ましくないと判断するでしょう。この文脈では、正常化の過程で生じるはずの中央銀行の損失は、政府の働きかけの足掛かりになるでしょうし、独立性を危険にさらしかねないでしょう。

民主主義社会における中央銀行の損失の意味

政府が金利上昇に神経質になるのは理解できます。財務省は二〇一五年二月一八日、国債利率の平均が、二〇一五年度の約一・三％から二〇二四年度の約二・四％へと徐々に上昇していった場合、二〇二四年度の国債の利払費が二〇一五年度の二・四倍の約二五兆円になるとの試算を公表しました。記者レクを反映したと思われる新聞報道では、経済成長率三％を前提にすると、税収の増加によって二〇二〇年度の基礎的財政収支の赤字は二〇一五年度の一三・四兆円から八・〇兆円に縮小するが、基礎的財政収支には含まれない国債費が増えるため歳出と歳入の全体の収支は四兆円程度悪化することになる、との解説が付されています。ごくマイルドな金利上昇でこの影響ですからね。

これに対して、正常化の過程で生じる中央銀行の損失は、政府の働きかけの足掛かりになる、という国際決済銀行の論調は、政府が中央銀行に「言いがかり」をつけて金融政策に介入するのでは、という懸念を感じさせます。しかし、中央銀行の損失に対し、政府、というより議会が懸念を表明するのは、民主主義の観点からみて必ずしも「言いがかり」とは言えないのではないでしょうか。中央銀行は独立性を与えられている場合でも、納税者負担となる巨額損失を出しても不問に付されるべき存在ではないからです。中央銀行の損失は、それで誰が利益を得たか、だれがその損失を負担するのか、という財政政策領域の所得分配問題を伴う可能性があります。財政民主主義の観点からは、所得分配は国民の代表である議会の承認を受けるべきもので、選挙による審判と切り離されているがゆえにパイの切り分けに中立であるべき中央銀行の裁量的決定を超えています。

むろん、この議論をあまり厳格にしてしまうと金融政策の有効性・機動性が大きく損なわれる可能性があります。実際には現実的な線引きをどこに求めるか、という問題になるでしょう。この点は本書の第五章でより詳しく議論することにします。しかし、民主主義からの逸脱がどの程度まで許容されるか、ということは世論がどうなるかに影響されるでしょう。その観点からは、どういうことが国民の目からみて不公正という印象を与えるか、という問題になりますね。この点はどうでしょうか。

水膨れした中央銀行のバランスシートの債務から発生するコストも政治経済学的な問題を提起するでしょう。たとえば、流動性を中央銀行に引き止めておくための民間金融部門への利払いは、一般国民の目には不適切と映るでしょう。コストを抑えるための一つのオプションとして利払いゼロの所要

準備に頼ることができるかもしれませんが。

最初の点は、さきほどの数値例の話でしょう。つまり、バランスシートが膨脹したまま金融引き締め局面を迎えることになるので金利を高めに誘導するために中央銀行当座預金に金利を支払ったり、定期預金や売出手形を銀行に提供することになり、そのことが銀行に巨額の利子収入をもたらす反面、国庫納付金が納められなくなることを国民がどう受け止めるか、という問題ですね。

金融正常化のために長期国債を売れればすっきりするのですが、中央銀行が長期国債を売ると、国債市場が崩壊するので、そうした形では中央銀行当座預金は減らしにくい。だからと言って、ほぼ金利ゼロの超過準備を民間金融機関が抱えている状態では、市場金利を上げることができない。しかし、ゼロ金利解除のための準備率の引き上げは事実上銀行への課税強化です。国民の批判をかわすためには中央銀行が準備率の大規模な引き上げに踏み切ることも検討に値する、という国際決済銀行の示唆は中央銀行への批判をかわすために、財政民主主義をさらに形骸化させることにならないでしょうか。この点も、民主主義の中での中央銀行のあり方を取り上げる本書第五章で、より深く検討します。

正常化は必然的に遅れる

ところで、国際決済銀行は、報告書第五章の最後で中央銀行のコミュニケーションの問題に言及していますね。

コミュニケーションには限界があります。

中央銀行としては市場を驚かせることで大きな〔資産〕価格変動を招くことを避けるため、明確なコミュニケーションを行いたいはずです。しかし、明確さへの努力は、より強く将来を保証することにより、中央銀行が望む以上の一段のリスク・テイキングを促しかねません。

〔リスクをとることの対価である〕リスク・スプレッドが、〔金融政策により〕縮小してしまうことは、利益を稼ぎ出すためにより〔たくさん借金をしてそれを使うような〕レバレッジを利かせたポジションを取ることが必要になるからです。そして、レバレッジを利かせない場合にも、投資家は、よりリスクが高く流動性の低い資産へと誘いこまれるでしょう。このプロセスは、突然、反転してしまう可能性を高めます。

さらに、中央銀行がこのようなリスクを理解したとしても、その分、中央銀行は、金融システムを不安定化させることを促すかもしれない行動を採ることに後ろ向きになるでしょう。そのことで悪循環が生じる可能性があります。結果として中央銀行は、後追いの立場に追い込まれ、市場がさきに動き出すことになるでしょう。

結局、金融政策の正常化問題の展望はどのようなものになるのでしょうか。

ここで述べたすべてのことが、正常化が遅れ・かつ徐々にしか行われないことのリスクを過小評価すべきでないことを示唆していると思います。

非常に強く、かつ、すべての自然な誘因がそうなることを指し示しているからです。こうした〔緩和が遅れ、過小になる〕バイアスの追加的な兆候が、中央銀行が長期資産を前例のない規模で買い、ターム・プレミアムを押し下げようとする量的緩和プログラムの現状です。正常化の時期が近づくにつれ、それを売ることで市場が混乱することへの懸念が売却することをためらわせています。

需要要因か供給要因か

国際決済銀行への「インタビュー」はここまでである。すでにふれたように、デフレの弊害の大きさに懐疑的な国際決済銀行の議論の背景にあるのは、供給要因ないし構造要因を重視する見方である。このような国際決済銀行の見解と総需要不足を前提にしているクルーグマンの見解のいずれが妥当なのかは、時と場所によって異なる。ただ、現実問題としては現に物価がデフレ傾向を辿っていたり、不況感が強い場合には、それに対して国民が納得できる処方箋が示され・共有されなければ、中央銀行に対する社会的・政治的圧力は高まる。中央銀行が「大胆な金融緩和」に踏み切れば、とりあえず喝采を浴びる。時間の経過とともにその弊害が顕著になれば、中央銀行への批判が強まり、それは独立性を含め、中央銀行のあり方を再考する契機になっていくだろう。

人口減少・高齢化が急速に進む中で、デフレから完全に脱却する前に人手不足が顕在化しはじめた日本の場合、成長率の天井の低さが、改めて確認されつつある。マクロ経済政策で総需要をさらに追加し、デフレから完全に脱却することで成長率の天井が高まるのだろうか。日本のマクロ経済政策を考える上では、これが中核的な論点になる。次章以下では、この問題に焦点を当てて考えてみたい。

第二章　日本経済の過去と現在

1　日本経済の長期的軌跡

「アハ！ムービー」？

脳科学者の茂木健一郎氏は、ひらめきや気づきの瞬間に「あっ！」と感じる体験を「アハ！体験」として、いろいろなメディアで紹介している。同氏が所属するソニーのホームページでは、

ニュートンが木から落ちるリンゴをみて万有引力の法則を発見したこと……これもアハ！体験だと言えるでしょう。人がアハ！体験をすると、〇・一秒ほどの短い時間に、脳の神経細胞がいっせいに活動して、世界の見え方が変わってしまいます。神経細胞がつなぎかわって、「一発学習」が完了し、今までと違った自分になってしまうのです。

などと説明されている。このアハ！体験を提供する媒体のひとつに映像体験である「アハ！ムービー」がある。そこでは、同じ光景を映しているようにしか見えない映像が淡々続く。しかし、実は映

像の一部は徐々に変化している。変化している部分は、窓の形であったり、ソファーの模様であったり、庭の植栽だったりする。映像の最初と最後の風景を見比べれば、「あっ！」と驚く大きな違いがあるのに、変化があまりにも緩やかなので気が付かない。

日本国民にとっての人口問題はこれまでのところ、おおむねこのようなものだったろう。全体として日本はバブル期の繁栄、そしてその後始末に追われて、日本経済の命運を左右する長期的な大問題を見落としてきた。出生率の持続的な低下と寿命の大幅な延伸である。この現象は、一九五〇年代から持続的に進行していた。だが、後で触れるように日本は、「一時的な現象」とみなし続けた。このため、フランスやスウェーデンのような思い切った対策には踏み込まなかった。

近年、人口減少・高齢化が地方経済の持続性を根本から揺るがしはじめるようになって、ようやく関心が向けられ始めているが、循環的な経済変動に比べて、極めて緩やかなトレンド上の動きへの注目度はまだまだ極めて低い。

変化した低成長の背景

それも無理のないことかもしれない。長期にわたって出生率が低下し続ける中でも、日本経済は、二つの石油危機を乗り切り、一九八〇年代末まで順調すぎるほどの成長を続けてきた。一九七九年に米国、そして日本の順で出版されたエズラ・ヴォーゲルの『ジャパン・アズ・ナンバーワン――アメリカへの教訓』は、日本の企業経営、経済・社会制度に非常に優れた点があることを指摘してベストセラーになった(Vogel 1979)。現在でも、この「ジャパン・アズ・ナンバーワン」という言葉は、日本経済の絶頂期の雰囲気を象徴的に示す表現としてしばしば用いられている。

日本経済の異変は、一九八〇年代後半から起きる。巨大なバブルの発生と崩壊である。八〇年代末に株価が急落し、九〇年代前半には地価も下落をはじめる。資産価格下落は止まらず、その悪影響は徐々に隠しようのないものとなり、九〇年代末の金融危機に発展していく。

人口動態ほどではないにせよ、バブル崩壊の影響も緩慢な形で進行した。銀行が親密な企業を支える日本の金融システム(メインバンク制)のもとでは、銀行の体力が続く限り企業の大量破綻は表面化しにくい。このため、日本のバブル崩壊期には、二一世紀初頭の国際金融危機のような急激かつ大幅な経済活動の収縮は起きなかった。しかし、その影響は極めて長期にわたった。この間の低迷は「失われた一〇年」と呼ばれるようになる。その延長線上に近年の低成長も位置づけられている。「失われた二〇年」といった表現を目にすることも多い。

しかし、二〇〇〇年代の景色は、一九九〇年代とは大きく異なる。この時期の日本の国民総生産の伸び率の低さは生産年齢人口の減少を強く反映しているからだ。確かに、実質GDP成長率は二〇〇〇年代も、他の主要先進国に比べて低く、停滞感は拭えない。だが、生産年齢人口一人当たりの実質GDP成長率でみると、二〇〇〇年代の日本の成長率はトップのドイツと比較しても遜色がない(**図2−1**)。

日本国民の感じる停滞感は同じでも、その中身は異なる。この時期の停滞感には、GDPの伸びほど所得(GDI)が伸びなかった点が指摘されている。これは、原油をはじめとした輸入原材料の価格が高騰したうえ輸出産業の国際競争力が低下し輸出先での価格引き下げを強いられた、というもので

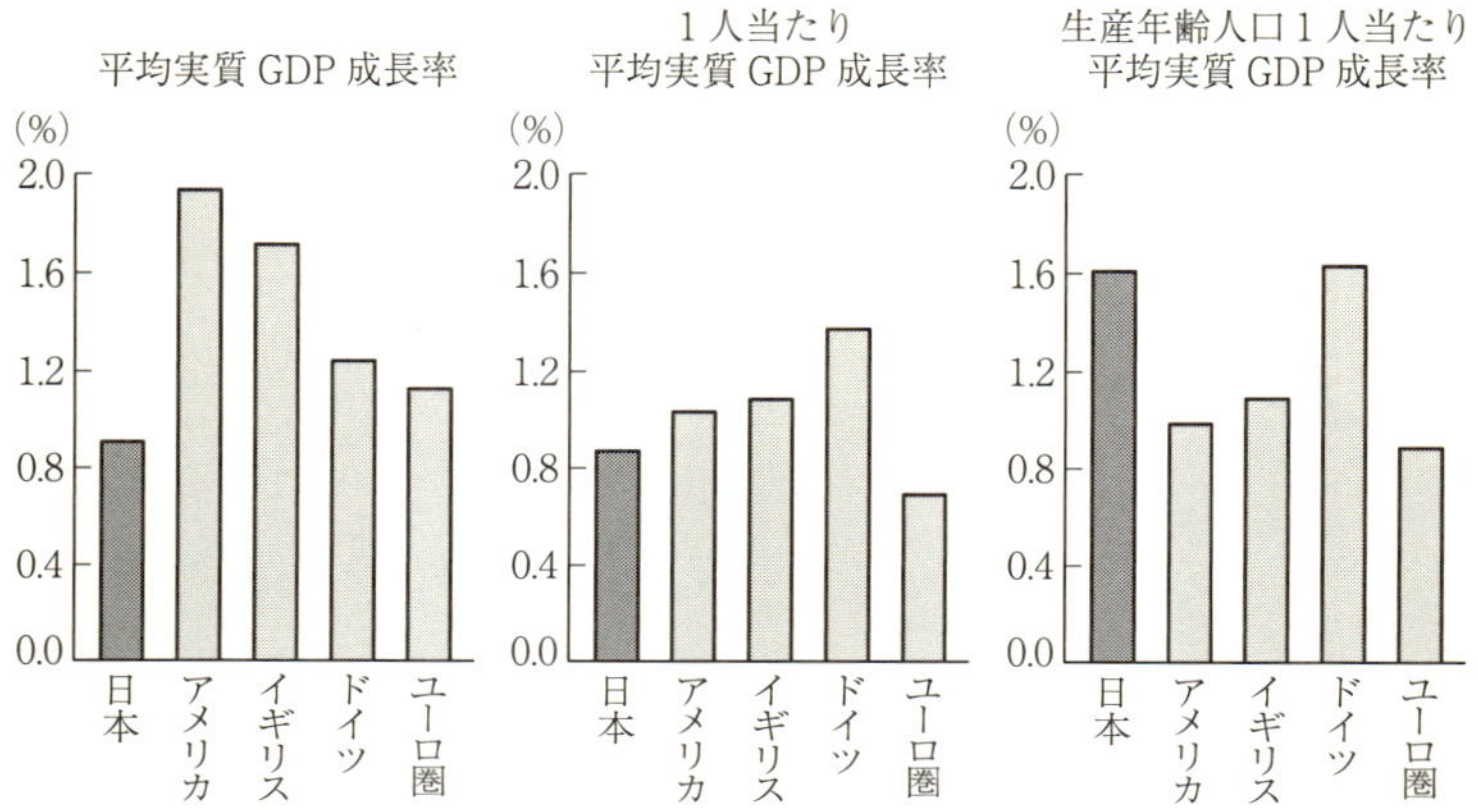

出典：白川方明 「日独産業協会講演」2014 年 10 月 1 日

図 2-1　実質 GDP と生産年齢人口 1 人当たり実質 GDP 等の推移(2000–2013 年)

ある。海外から高く原材料を買い、海外へ安く製品を売ることで、所得が海外に漏出する。このため、海外への所得漏出を反映している実質GDIの成長率は、生産指標である実質GDPの成長率を大きく下回り、人々に景気回復の実感をもたらさなかった、しかし、交易条件の悪化による海外への所得漏出はGDPデフレーターの低下として現れるから、人々にはデフレで所得が低下したように感じられ、デフレへの忌避感を強めさせた、という見解である(齊藤二〇一四：第一〇講)。

たしかに海外経済環境は厳しかった。しかし、実質GDPの伸び悩みに着目すると、その主役がバブル崩壊から人口問題へ静かに転換してきていることは間違いないだろう。したがって、人口問題を抜きに、日本経済の過去のパフォーマンスや成長戦略を語ることはできない。この問題は、第四章で論じよう。

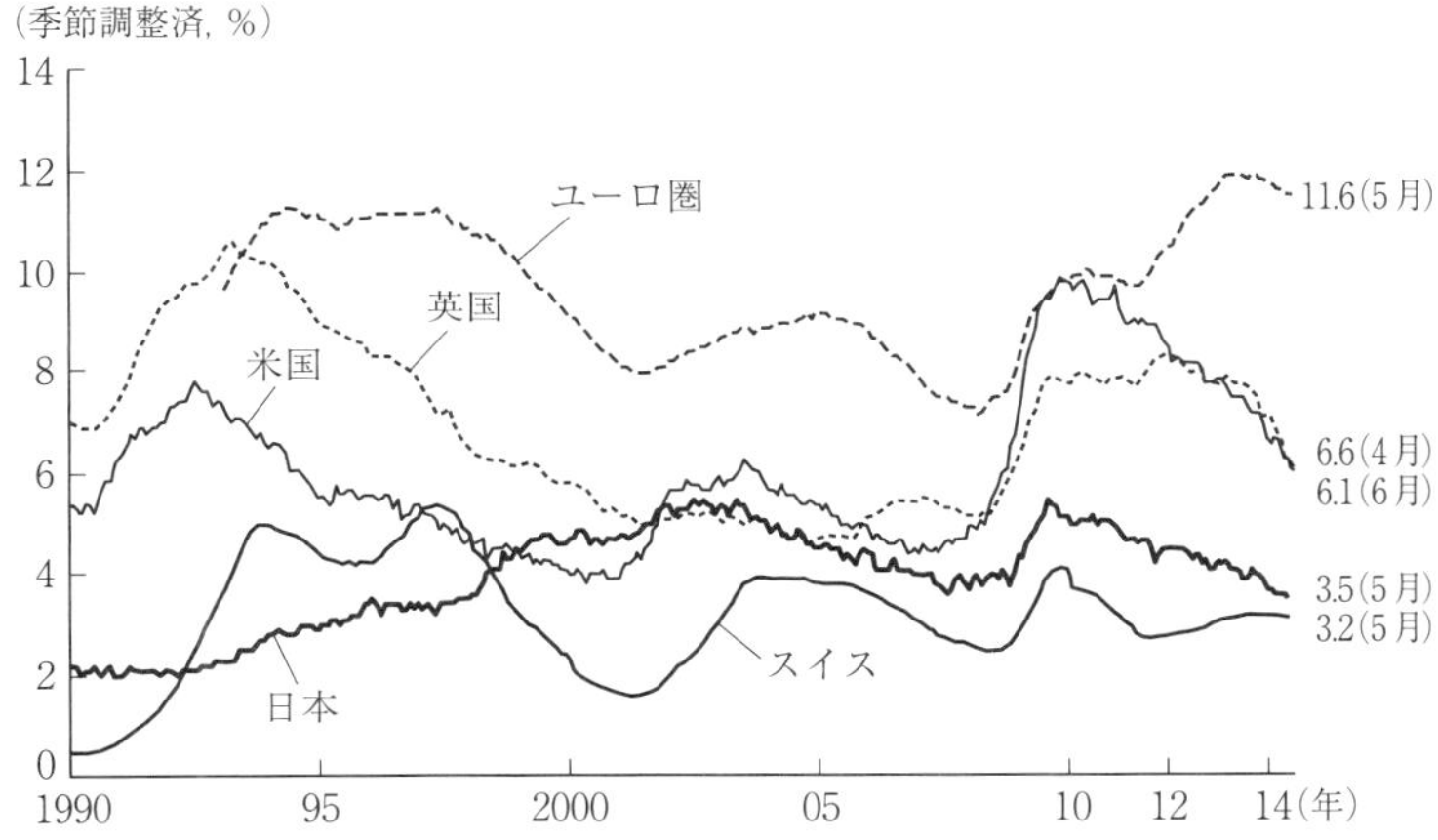

出典：中曽宏「日本経済と金融政策」2014年7月8日講演

図2-2　失業率推移の国際比較

なぜ失業率は低かったのか

これと関連した、日本経済の顕著な特徴の一つは失業率の低さである。**図2-2**は、バブル崩壊後の日本の失業率と米国、ユーロ圏、英国の失業率を比較したものである。これをみると、日本の失業率の低さは金融危機前の時点から際立っている。

むろん、バブル崩壊期以降の失業率の低さは痛みを伴うものでもあった。雇用維持を重視する日本社会では、バブル崩壊後の一九九〇年代には、賃金が切り下げられるようになったと言われる。いわゆる「賃金の下方硬直性」の解消である。マクロ的な賃金低下の背景には、企業が既存正規社員のリストラを最小限に止めるため、新規正規社員採用を大幅に削減する一方、非正規雇用を拡大した、という側面も含まれる。このため、結果的に若い世代の雇用の質という犠牲のもとで中高年の雇用が守られる、という構図も生じた。労働市場のこうした構造変化は失業率を抑えることに寄与した反面、潜在的な世代間対立だけでなく、物価低下圧力としても作用したはずである。

マクロ経済学では雇用との関連で賃金の伸縮性を重視する。しかし、低失業率の確保を超えて経済が逞しく成長していくには、低成長分野から高成長分野に資源を迅速に再配分できる柔軟でダイナミックな経済構造――スメッツらは「水平的なフレキシビリティ」と呼んでいる――が必要とされる(Jimeno, Smets and Yiangou 2014)。少なくとも、これは日本では十分ではなかった。この点は、成長率を高めるには雇用の確保だけでなく、何らかの社会ないし経済構造の改革が必要、ということを強く示唆しているだろう。

この間、日本の消費者物価は、ほぼ横ばいに推移した。変化率は一九九七年から二〇一〇年までで年率マイナス〇・三%である。ほぼ横ばいとは言っても、マイナスであったことは、経済政策論争に大きく影響することになる。

むろん、日銀も手を拱《こまね》いていたわけではない。「遅れてきたインフレ・ファイター」であった速水優総裁は、緩和に乗り気には見えず、そのことは日銀がデフレとの戦いに受け身である、との印象を強く与えることになったが、それでも、ゼロ金利政策、量的緩和、デフレ懸念が払拭されるまでゼロ金利政策を続けることを約束する「時間軸政策」を採用するなど、あらたな金融緩和手法に踏み込んだ。リーマン・ショック後にゼロ金利制約に直面した欧米の中央銀行が試すことになる非伝統的金融政策は一通り先駆的に試みた、といえる。これらの詳細を含め、デフレ期における日銀の金融政策運営については、日銀審議委員を一〇年務めた須田美矢子氏の包括的な検討があるので(須田 二〇一四)、ここではこれ以上立ち入らない。

こうした非伝統的金融政策の最大の障害は「ゼロ金利の壁」である。預金金利や貸出金利を全面的にゼロ以下に引き下げることは原理的に大きな困難を伴う。お金を運用する人にとっては、マイナス金利でお金を預けたり元本が目減りする債券を買ったりするくらいなら、安全で金利ゼロの銀行券を金庫に入れておく「タンス預金」の方が合理的だからである。この制約は金融緩和に大きな限界を作り出す。

その状況で、日本がデフレからなかなか抜け出せないことは、一九九〇年代末から欧米のマクロ経済学者の関心をあつめ、様々な「処方箋」が出されてきた。

2　どうすればデフレから脱却できるか
——欧米経済学者の提言

日銀は無責任な中央銀行になれ——クルーグマンの提言

もっとも先駆的なものは、ポール・クルーグマンが一九九八年に提言した「日銀が無責任な中央銀行であることを人々に確信させる」、というものだっただろう(Krugman 1998)。

いくら輪転機をまわして銀行券を刷っても、金利が下がらなければ、それだけでは景気刺激効果を持たない。この場合には、いずれデフレから脱却した際に、日銀が「無責任さ」をつらぬき、高率のインフレがいずれ襲来することを人々に信じ込ませることが重要なのだ、とクルーグマンは論じたのである。名目金利はゼロ以下に下げられないという制約のもとで人々の期待への働きかけを重視した政策提言は、クルーグマンの先見性を示していると言える。

しかし、クルーグマンが求めた政策は実現性がないと受け止められた。なぜなら、どの国でも高いインフレ率は国民に極めて不人気なものだからだ。そうである以上、デフレ脱却後も「無責任な中央銀行」の姿勢を貫くことには国民の支持を得られず、中央銀行は方針転換を余儀なくされるはずだ。そう考えると、日銀が将来も無責任さを貫くことを予測して人々がインフレの襲来を信じる、という想定も合理性を失う。クルーグマンの提言の難点はこの点にあった。

もう一つの難点は、いずれデフレから脱却する、という想定に具体的な根拠がないことだ。クルーグマンの分析では、デフレは景気循環上の一時的な深い落ち込みと想定されている。循環的現象だから、冬の後に春が来るように、いずれ経済はデフレから脱却する。これがこの分析の前提になっている。しかし、例えば、デフレ・ショックの源泉が人口減少であれば、人口が減り続ける限り、デフレも続くのではないか。これは、二〇一三年一一月のローレンス・サマーズの講演以来、一躍、脚光を浴びている長期停滞論の問題意識につながっていく。その話はもう少し先の章でしよう。

有効性が期待できる三つの提言

クルーグマンの提言は、洞察には富んでいるが、処方箋は現実的でない。少なくとも、当時は、そう受け止められた。しかし、二〇〇〇年代前半には、クルーグマン提言以外にも、デフレ脱却に向けたさまざまな提言が知られるようになる。

その中には、安定的なインフレを保証するかどうかはともかく、とりあえずデフレからの脱却にはより有効、と思われる政策提言も幾つか存在した。これらはいずれも中央銀行単独では実現できないものであり、また、仮にデフレ脱却は実現できても、大きな副作用を伴い得る、というものだった。それらの中で以下に挙げる三つの政策――円安誘導、消費税率の連続的引き上げアナウンス、マネタイゼーション――はアベノミクスの「隠れた矢」として安倍政権の政策に組み込まれることになる。

円安誘導――スベンソンによる第一の提言

第一の提言は、のちにリクスバンク(スウェーデンの中央銀行)の副総裁になったラルス・スベンソン教授が二〇〇〇年に日銀の国際コンファレンスで提言した円安誘導へのコミットメントである(Svensson 2001)。

スベンソンの提案は、政府・日銀が無制限に円売り・ドル買い介入を実施する断固たる円安誘導にコミットすべし、というものである。円安になれば、物価が上がる。このルートを使えば、デフレ脱却が実現できる、また、市場参加者が政府のコミットメントを信じれば実際の介入はほとんど不要になるはずだ、という。スベンソン教授の論文は、円安誘導がインフレ喚起に使える可能性を示し、学界で大きな関心を呼んだ。

無制限介入による円安誘導は理屈の上では大変わかりやすい。実は、筆者も、日銀在職中の一九九九年一一月一〇日、フィナンシャル・タイムズへの投稿で円高を食い止める手段として、この方法を提言したことがある。この投稿の骨子は、目標相場を達成するための無制限介入、つまり、円の一層の増価に歯止めをかけるために特定の為替相場水準で無制限にドルを購入することが考えられる。政府はドル買い介入のための円資金を短期政府証券の発行で調達することができる。金融政策により短期金利がほぼゼロに保たれている限り、政府はほぼゼロの調達コストでこうした政策を実行できる。大蔵省がこれを本気で実行すると市場が信じれば為替レートは減価するだろう。従って、日本銀行が現在の金融政策を変えない限り無制限介入は効果がない、という議論は誤りである。ゼロ金利政策と無制限介入の組み合わせは行き過ぎた円高への対処案に十分なり得る。

というものだった。すでに短期金利がゼロに到達していた一九九九年末時点で、筆者の中では、ゼロ金利下で総需要安定をはかるためには為替レートへの強力な直接的働きかけという非常手段しかない、という思いが強かったのだが、しかし、この投稿には当時、全く反応がなかった。その黙殺ぶりは、二〇〇一年七月一九日のブルームバーグによるインタビューの際に同じ狙いで日銀は外債購入を検討してもよいのではないか、と述べた時の大きな反響——ないし強い反発——の経験とは対照的であった。その理由は、はっきりしている。日銀の外債購入は、二〇〇一年当時、日銀が実施できるかどうかは微妙だがありえない政策ではない、とみなされていた。日銀関係者がこれに言及すれば、反発が生じるのは避けられない。これに対し、無制限介入論の方は、理屈はともかく、あまりに過激すぎて現実味がなく反発する必要もない、という程度の受け取られ方だったと考えられる。

スイスの実験

ところが、リーマン・ショック後、無制限介入を実際に行う先進国が現れた。スイスである。欧州金融危機後、スイスフランは円同様に安全通貨として急騰した。貿易依存度が日米などに比べて格段に高いスイスにとっては存亡の危機である。そこで、まずスイス国民銀行は二〇一一年八月に大規模な量的緩和を試みた。

月初に当座預金残高目標を三〇〇億スイスフランに設定、その後、同月中に数次にわたって目標を引き上げ、二〇〇〇億スイスフランとしたのである。この額はスイスの名目GDPの実に四〇%弱にあたる。日本の量的緩和に引き直すと、単月で二〇〇兆円規模の量的緩和を行ったことになる。しかし、スイスフラン高には、歯止めはかからなかった。スイスフラン高の大きな流れの中では、これほど膨大な量的緩和も十分な効き目はなかったのである。

業を煮やしたスイスの通貨当局は、二〇一一年九月六日、スイスフランについて、一ユーロ＝一・二スイスフランという上限を設け、これを維持するためにスイスフラン売り・ユーロ買いの無制限介入を行う、と宣言した。この政策は瞬時に劇的な効果を上げた。スイスフランはその後、欧州金融危機の後退によりスイスフラン安に振れた局面を挟んで、三年以上にわたり一ユーロ＝一・二スイスフランを維持した。大成功である。

しかし、二〇一四年一月一五日、スイス国民銀行は突然、声明を発表した。米国経済の回復を背景として対ドルでユーロとスイスフランが下落していることを指摘、スイスフラン高を阻止するための無制限介入はもはや正当化されなくなった、として、無制限介入からの撤退を宣言したのである。この寝耳に水の無制限介入中止とともにそれまで安定していた為替市場は大混乱に陥り、ユーロ売り・スイスフラン買いが殺到、スイスフランはユーロに対して瞬時に三〇％上昇、その後、多少反落したが、大幅な増価が続いている。「スイス・ショック」は国際的に波及、国際金融市場を震撼させた。このことは、無制限介入がそれまで果たしてきた強力な相場安定化機能と出口の難しさをみせつけることにもなった。

むろん、政策の効果と帰結は様々な要素に左右される。しかし、スイスの事例は以下の可能性を強く示唆している点で、極めて興味深い。

第一に、為替レートの変動が市場の強いセンチメントに突き動かされているときには、量的緩和といった間接的な手段では通貨高は止められない。

第二に、市場が政府の本気度を確信すれば、自国通貨高は止められる。自国通貨は無制限に売れるから、自国通貨高を防ぐ無制限介入は原理的に有効であり、したがって、市場がその覚悟を信じている限り実際には巨額介入は必要ない。

第三に、国際決済銀行が年報で指摘したように、非伝統的政策の出口は大荒れになりうる。

円安は無制限介入では止められない

ちなみに、二〇一二年を境に円・ドルレートのトレンドは円高から円安に変化し、米国の金融政策が正常化に動き出すにつれ米国金利が上昇し、円安圧力が強まりつつある。そうした状況のもとで、日銀は二〇一四年一〇月に追加緩和に踏み切り、ゼロ金利長期化・円安容認の姿勢を鮮明にした。このため、二〇一四年末時点では、ドル高・円安への弾みがつきやすい。ただ、円安の行き過ぎへの反発は強まりつつあるから、状況次第では円安を止めるべく介入せよ、という議論が今後、盛り上がるかもしれない。しかし、自国通貨高防止とは対照的に、自国通貨を高値に維持する介入の場合、一時的に多少の牽制効果はあるとしても、徹底防戦には原理的な困難を伴う。理由は簡単で、自国通貨安を防ぐ外貨売り介入は外貨準備に制約されるからだ。政府が持っている外貨――たとえば、ドルやユーロ――を売り尽くしたらそれでおしまいになる。一九九二年、英国はジョージ・ソロスのポンド投機によりポンドの切り下げを強いられ、固定相場制放棄、共通通貨ユーロ導入断念にまで追い込まれた。ポンド売りを仕掛けたソロスは、英国政府の抵抗の限界を見切ることで莫大な利益を上げたのである。

消費税率の連続的な引き上げ――フェルドスタインによる第二の提言

デフレ脱却に話を戻そう。第二の提言は、米国経済学会の重鎮、マーティン・フェルドスタインが提言した消費税率の連続的な引き上げである。フェルドスタインは、いくつか関連した論考を発表している。その一つ、二〇〇二年のカンザス連銀コンファレンスでのコメントをみよう(Feldstein 2002)。

ここでフェルドスタインは、日本がデフレから脱却する方法の一つとして、消費税率が二〇%に到達するまで、毎四半期一%ずつ引き上げることを提言している。その際、フェルドスタインは、同時に所得税の減税を行い、消費税増税が税収に与える影響を中立的にし、課税強化を避けることを提案している。つまり、彼の関心は、消費税による財政のファイナンスではなく、これを使って、インフレが起きることを消費者に予想させる点にある。これにより、消費者の買い急ぎを継続的に起こすことができ、消費主導でデフレ脱却をはかることができる、というのである。確かに消費税増税は物価を上げるから、これによりインフレ予想を作り出すことができる。また、日本では、消費税率引き上げの都度、増税前の駆け込み需要は、顕著に確認されている。

ただ、連続的な消費税率引き上げに対して、消費者が「駆け込み続ける」のか、先行き不安で財布の紐を締めるのかは、理論的にはともかく現実には不確実性が高い。実際、日本では石油ショックの際の激しいインフレは、理論的予想に反して家計の消費性向を押し下げた。当時、多くの人々が先行き不安から目減り覚悟で貯蓄を増やしたからだ、と受け止められた。さらにボストン連銀のスタッフによる米国消費者についての最新の実証研究(Burke and Ozdagli 2013)でも、インフレ期待が支出を増やす効果は理論的予想に反してほとんど見られないことが報告されている。

マネタイゼーション――バーナンキによる第三の提言

第三の提言は、連邦準備制度理事会前議長のベン・バーナンキの提言したマネタイゼーションである。バーナンキは、まだ理事だった二〇〇三年に来日、日本金融学会で講演した。その際に、持ち出したのがこの議論である(Bernanke 2003)。

マネタイゼーションは、政府が発行した国債を中央銀行が買うことで財政支出を賄うことを指す。中央銀行の通常の金融調節でも国債を購入するが、そうしたオペレーションは、基本的に短期金利を安定した水準に誘導すること、もうすこし長い視野ではそれを通じて景気循環を均すことが目的である。したがって、いったん国債を買っても長い目では大半を売り戻す(あるいは満期償還してもらう)ことが想定されている。これに対し、意図的なマネタイゼーションは、財政支出拡大を支える目的で中央銀行が国債を購入する点が特色である。

バーナンキの提言は、以下のようなものである。まず、金融・財政当局が協調し、日銀の国債購入を財源として減税を行う。同時に日銀は、物価水準目標の達成を約束し、そのために購入した国債の大半については市場に売却せず、減税資金を恒久的に提供する。

この講演で、バーナンキが、当時すでに深刻だった日本の財政状況にも言及し、インフレ目標でなく「物価水準」目標を提言したことは財政の持続性との関連を考える上ではきわめて興味深い。

インフレ目標と物価水準目標はどこが違うのだろうか。例えば、二%のインフレ目標の場合、インフレ率がそれを下回り続けそうだったら緩和、超え続けそうだったら引き締め、というのがおおざっぱな方向感になる。これに対し、物価水準目標を採用すると、少し話が違ってくる。この枠組みでは、どこか適当な時点を決め、そこから物価水準のトレンド線を引いて、そこに物価を追い付かせることが目標になるからだ。

いま、リーマン・ショックを発端とした金融危機が本格化した二〇〇九年度を起点にしてみよう。日本の消費者物価指数(総合)は、二〇〇九年度も二〇一三年度もおおむね一〇〇である。もし、二〇〇九年度から、二%のインフレトレンドが続いていたら、二〇一四年度の消費者物価指数は一一〇・四になっていたはずだ。この目標トレンドでは二〇一五年度は、一一二・六、二〇一六年度は、一一四・九と上昇していく。この目標水準を追いかけ、一〇〇から出発する現実の物価水準が追いつくまでが、「リフレ期間」になる。

リフレ期間には、インフレ率を二％程度とする通常のインフレ目標の数字をはるかにこえた高率のインフレも青天井で容認することになる。物価水準目標のトレンド的な上昇率が二％であり、トレンドを追いかけ始める出発点の物価水準が低ければ、実際のインフレ率が二％を超える期間が相当長期間にわたるか、短期に激しいインフレが起きるのでないと、目標にはいつまでも追いつかない理屈になる。

物価水準目標を採用した場合、リフレ期間には日銀は、高率のインフレが起きても金融を引き締めず、低金利を維持することになるので財政危機は生じない。この枠組みでは、財政危機を起こさないためにはどの程度の国債を売却せずに済むようにするのがよいか、という観点から、物価水準目標のトレンドの起点を選ぶこともできる。日本ではバブル崩壊以降であれば、目標トレンドの起点を遠くにさかのぼり、現在の物価水準目標値を高く設定すれば、より高いインフレ率をより長期に容認することができる。

物価水準が目標に到達する目途がついた段階でリフレ終了を宣言して金利を上げはじめ、物価水準を一定のトレンド上昇率に保つように金融政策を運営するから、ここから先はインフレ目標政策との相違は小さくなる。バーナンキの提言する枠組みには、インフレ目標政策のように急ブレーキをかける必要がなく、財政危機リスクを緩和することができる、という大きなメリットがある。他方、成功した場合には、高率のインフレを容認することが必要になる。

3　安倍政権の経済政策

すでに別のところで一部、論じたことがあるが(翁 二〇一四)、安倍政権の経済政策はこれら三つの提言の要素を部分的に巧みに取り入れている。そこで、安倍氏のマクロ経済政策のこれまでの軌跡を振り返ってみよう。

政権発足前の円安誘導

現在、アベノミクスと呼ばれている政策が起動したのは、二〇一二年の秋、野田総理が衆議院を解散した後、総選挙に向けた選挙戦の中のことである。この時点で、安倍氏はまだ首相ではない。あくまで野党である自民党の総裁として経済政策パッケージの大枠を打ち出した。後で詳しく述べるように、安倍氏の経済政策が起動したのが首相就任以前だったことは、この政策パッケージの起動時に非常に重要な意味を持つことになる。

アベノミクスは、大胆な金融政策、機動的な財政政策、成長戦略の三つの要素(三本の矢)から構成されている、と説明され、一般にそのように理解されている。しかし、安倍氏の経済政策が順調に立ち上がった、という印象を強く与えた最大の要素は、「三本の矢」ではなく、円安である。

二〇一二年一一月一五日の講演で、安倍氏は自民党総裁として、円高是正とデフレ脱却を同時に打ち出し、これに対し、為替市場が強く反応した。これを踏まえ、同年一一月二二日付のフィナンシャル・タイムズは「日銀を攻撃する安倍氏は、高いインフレ目標の設定と、「無制限」の緩和、円安誘導策の実施を約束している。六日間で四%以上値を下げてきた円相場は、一一月二一日には四月以来初めて一ドル=八二円台に下落し、円はこれで、過去一カ月間で下げ幅が最も大きい主要通貨になった」と報道している。この間、自民党は、政府・日銀と民間が参加する「官民協調外債ファンド」を創設し外債を購入させること等を検討する、という方針も掲げた。そして安倍総裁ほか自民党有力者は、その後も、「円高是正」について繰り返し具体的に言及し続けた。

野党党首であったことのメリット

このようにアベノミクスは、事実上の次期首相が円安誘導にコミットする、という極めて異例な形でスタートした。もし、安倍氏がその時点で首相であれば、主要国から近隣窮乏化政策として強烈な反発に直面しただろう。しかし、この時点で安倍氏はまだ海外当局が反発しにくい野党党首であった。このため、この時期において安倍氏は、その極めて大胆な円安誘導発言に歯止めをかけずに済んだ。安倍氏は、首相就任が確実とみなされていたために市場には大きな影響力を与え得る一方で、まだ野党党首であるために、国際社会からの反発は小さくて済む、という微妙な時期を極めてうまく使って円安誘導を成功させた、といえる。

円高トレンド修正局面と重なった安倍政権の幸運

ただし、安倍氏が国際的な常識を超えて円安誘導への強いコミットメントを示した、とはいっても、

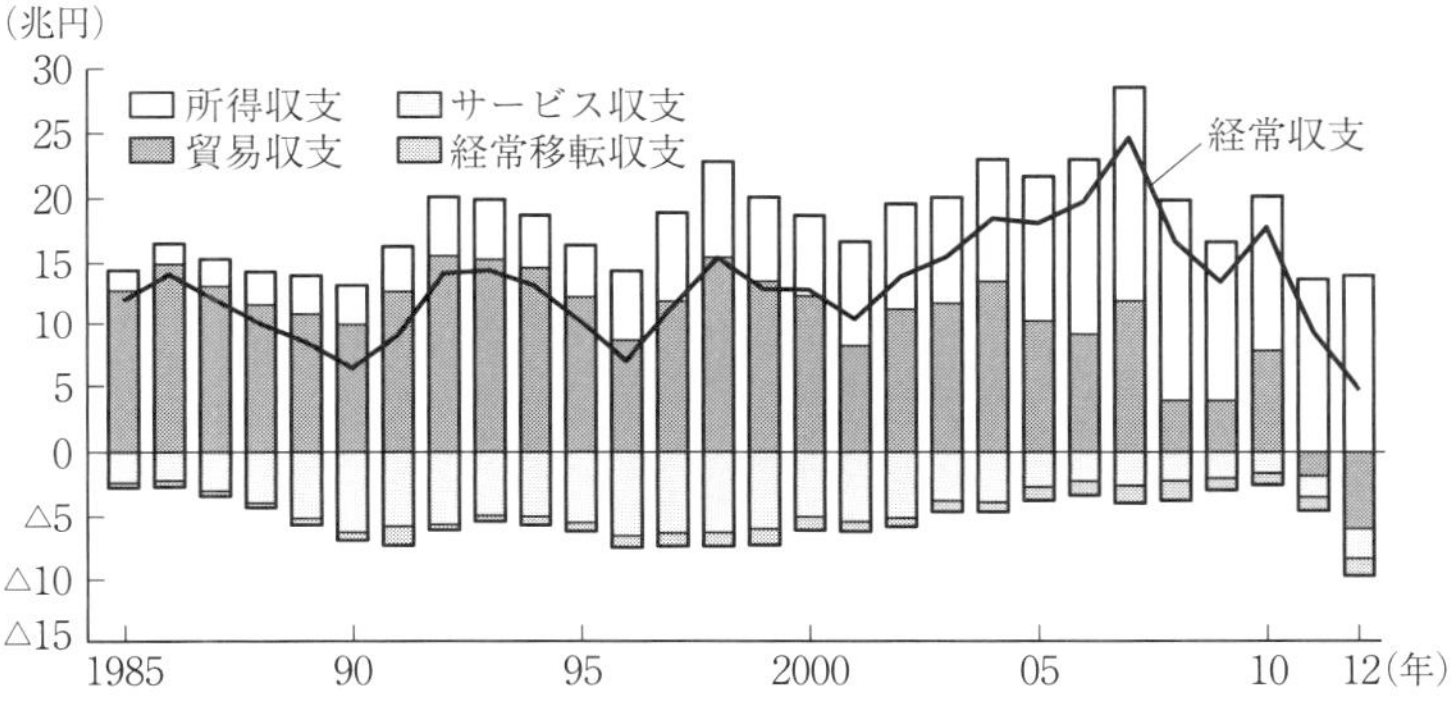

出典：日本銀行「2012 年の国際収支動向」

図 2-3　貿易収支・経常収支などの動向

それは無制限介入にコミットしたスイス当局の政策よりもはるかにソフトなものである。それにもかかわらず、安倍氏の円安誘導は成功した。その最大の理由は、安倍氏にとって幸運なことに、この時期が、趨勢的な円高の修正局面の到来と時期的に重なっていたことである。

安倍氏の一連の発言に先立って日本の貿易収支は赤字に転落していた（**図 2-3**）。そして、東日本大震災後の原発の稼働停止が長期化するにつれ、原燃料輸入依存度の高まりが一過性のものではなく、それゆえに今後も貿易収支の赤字が持続する、との予想が定着しつつあった。円高トレンドをもたらしてきた経常収支の黒字も大幅に縮小し、これすら赤字転落する可能性が現実味を帯びてきたのである。

より決定的だったのは、円高やスイスフラン高をもたらしていた欧州債務問題への不安心理が大きく後退したことである。この年の七月、マリオ・ドラギ欧州中央銀行総裁は「ユーロを守るためには何でもする」と発言している。この歴史的な発言を契機に危機感が後退、イタ

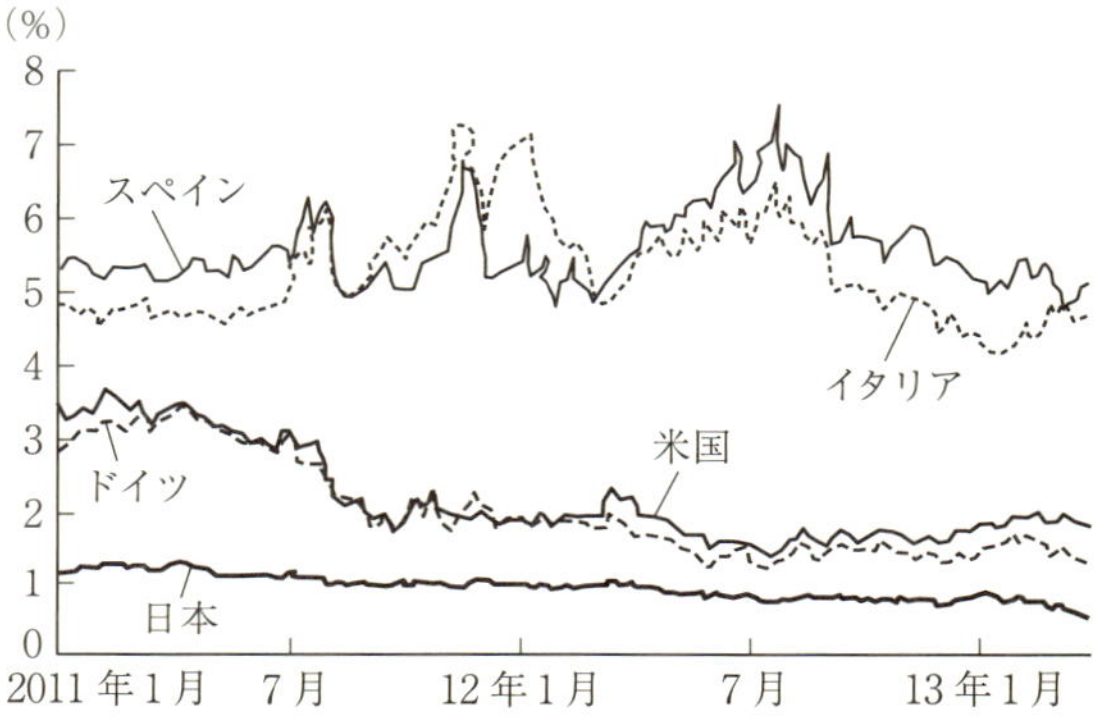

出典：日本銀行「金融システムレポート」2013年4月

図 2–4　主要国の10年物国債利回り

リア、スペインなどの国債利回りは次第に低下し、ドイツ国債との間の極端な利回り格差も縮小に向かった（**図2–4**）。円買いやスイスフラン買いの背景にあったとされる国際的な投資家の極端なリスク回避姿勢も後退したのである。このため、（金融危機などの際に、リスクを回避するために買われる）「逃避通貨」とされていた円やスイスフランへの買い圧力は大幅に低下し、スイスフランも秋以降、減価傾向に動き始めていた。安倍氏らの発言は「円高トレンドの修正」のタイミングにきわめてうまくマッチして円安への流れを引き寄せたといえる。

しかし、もともと先進国において為替レートを明示的・意図的に減価させることは無理筋である。このため、政権発足後はレトリック上の軌道修正が図られ、円安誘導論は封印された。そして、二〇一三年四月四日に量的・質的金融緩和が導入された。しかし、その翌月の二〇一三年五月には、急速な円安への動きは止まり、株価は急落した。円安は量的・質的緩和によってもたらされたわけではないから、このこと自体はさほど不思議ではない。

円安はそれと連動する形で株高をもたらした。為替レートと株価の動きを描いてみると、円安が進

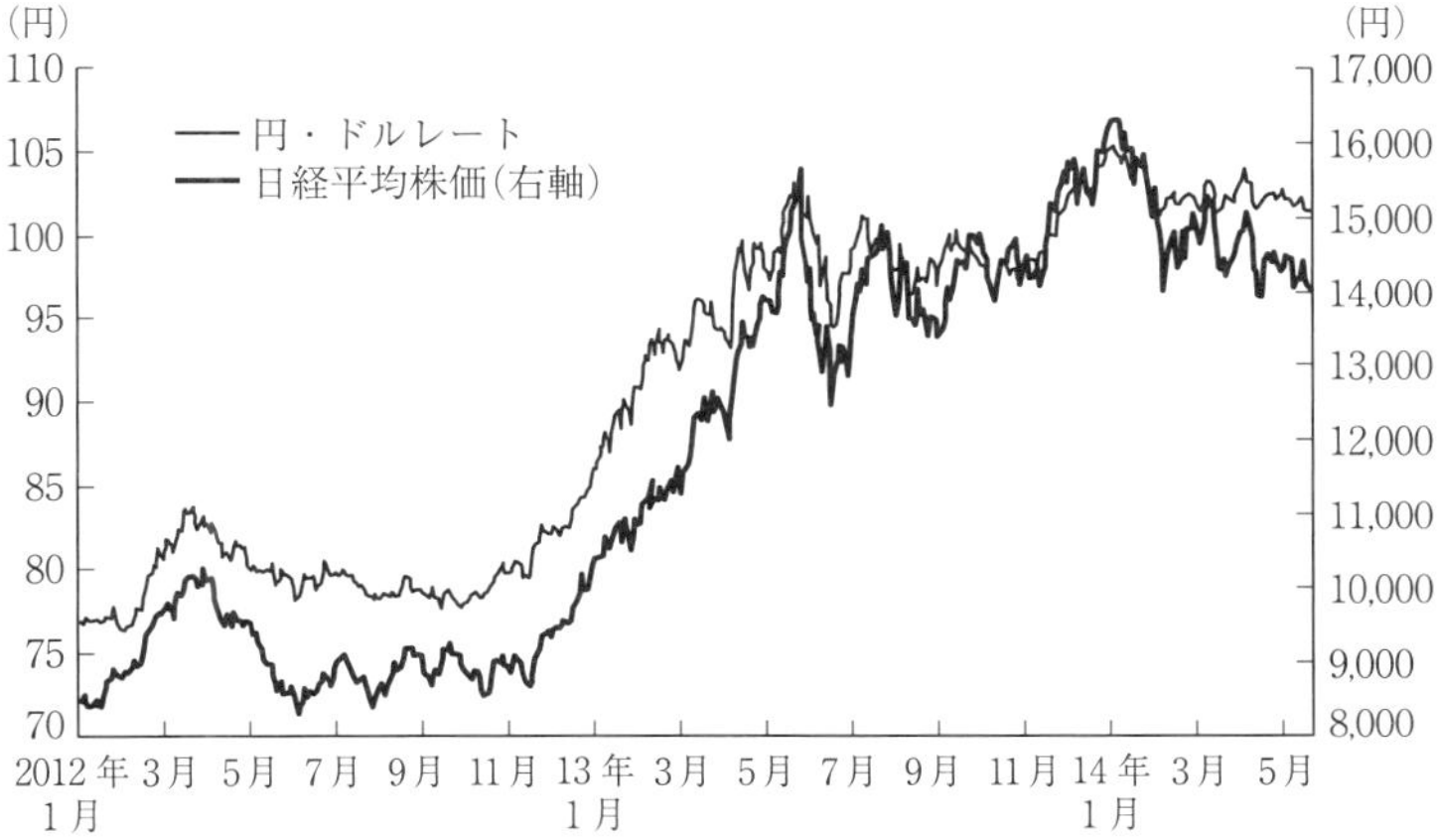

出典：岩田規久男「「量的・質的金融緩和」とわが国の金融経済情勢」2014年5月26日

図2-5　為替レートと株価の動き

むと株高になり、円高への反転の動きがでると株価が下落する、という強い連動性がみてとれる(**図2-5**)。安倍自民党総裁の二〇一二年一一月一五日講演以降、翌年五月頃までの円安・株高は顕著であり、アベノミクスが成功した、との印象を強く与えることにつながった、といえる。

量的・質的金融緩和への期待が円安をもたらしたか

このように量的・質的金融緩和は直接には円安をもたらしていない。この点については、政策的はたらきかけの効果に懐疑的で円高トレンドの変化こそ主因とする見解もある。例えば、一橋大学の齊藤誠氏と白川方明前日銀総裁との対談(齊藤・白川 二〇一四)をみると、

齊藤　〔前略〕二〇一二年夏頃から円安になっていったのも、ヨーロッパ経済の立ち直りという、外の事情によるところが大きいですよ

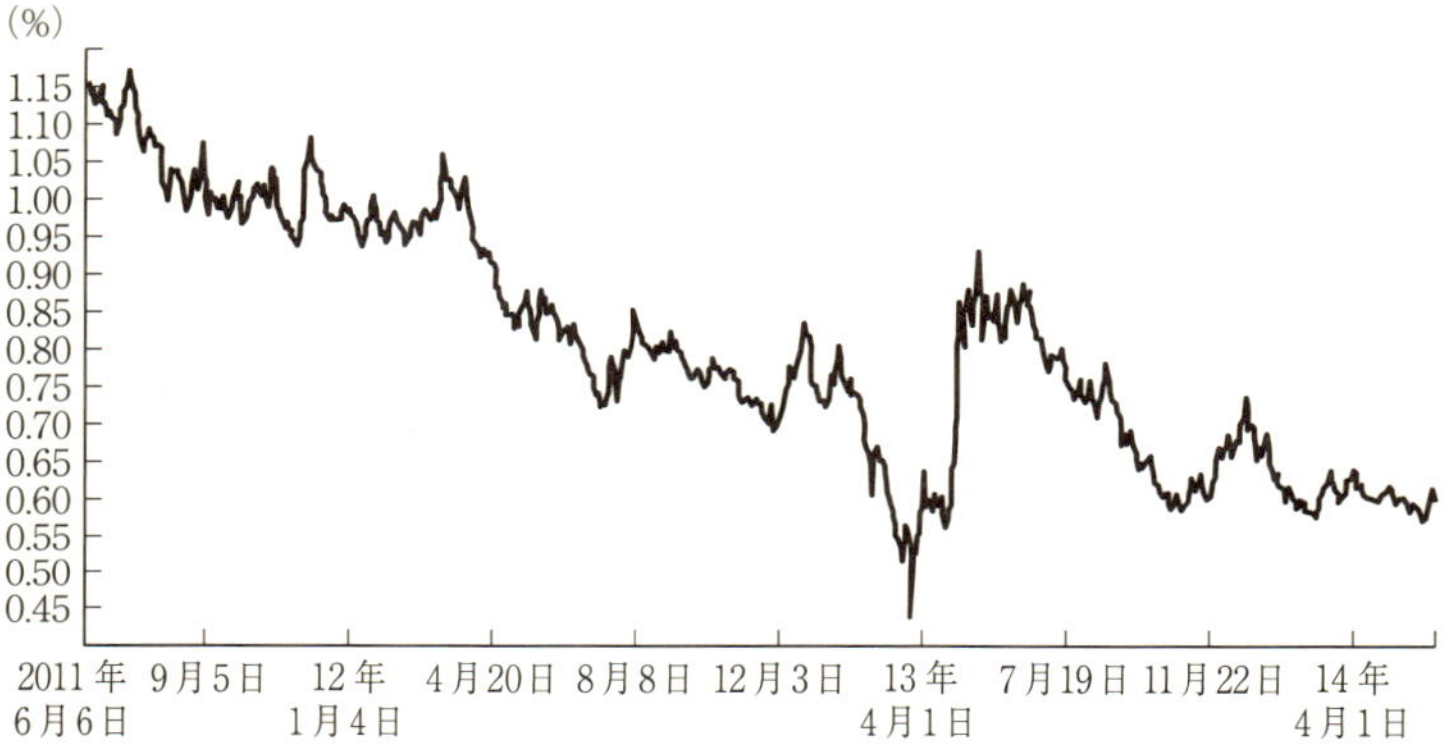

出典：三井住友銀行「マーケット情報チャート」

図2-6　国債10年物利回り推移

ね。

白川　そうですね。ユーロの崩壊というテールリスクが後退したことが大きかったと思います。

齊藤　ですから、日本の積極的な金融政策が円安を実現したという言い方は、すごく違和感がありますね。

といったやりとりが交わされている。確かに円高トレンドの潮流変化は決定的に重要だろう。しかし、筆者は、安倍氏が円安誘導発言を大胆に展開したことで、このトレンド変化をうまく後押ししたことがアベノミクスの評価に幸いした、と考えている。

なお、安倍氏の第一の矢が大胆な金融政策であることから、量的・質的金融緩和への金融市場の期待を反映して円高になった、という議論も一見、成り立ちそうにみえる。円安が急速に進んだ時期には、二〇一三年四月に任期が到来する日銀総裁・副総裁が誰になるかはわかってはいなかったが、安倍氏の経済政策に寄り添うことのできる人物が選任されることは予想されていた。

だが、金融緩和が市場参加者に適確に予想されていたとすれば、長期金利にそれが反映されるはずである。しかし、一〇年物国債流通利回りの動向をみる限り（**図2-6**）、安倍総裁の講演が行われた二〇一二年一一月前後にも、とくに大きな動きはみられない。「リフレ派」とされる正副総裁の就任前後から長期金利は急速に低下するが、量的・質的緩和が導入された二〇一三年四月には、いったん急低下したあと、二〇一二年一一月時点の水準をも超えて急上昇するなど、市場は予想外の政策を消化しきれず極めて不安定になった。この点で、量的・質的緩和への適確な期待が金融市場をリードしていた、と考えるのは大きな無理がある。為替市場参加者と金融市場参加者の反応の違いをもたらしたのは、円高トレンドの歴史的な基調変化と安倍自民党総裁の断固たる円安誘導姿勢であろう。

しかし、二〇一四年後半からの為替レート動向は金融政策の影響を強く受けている。実際、米

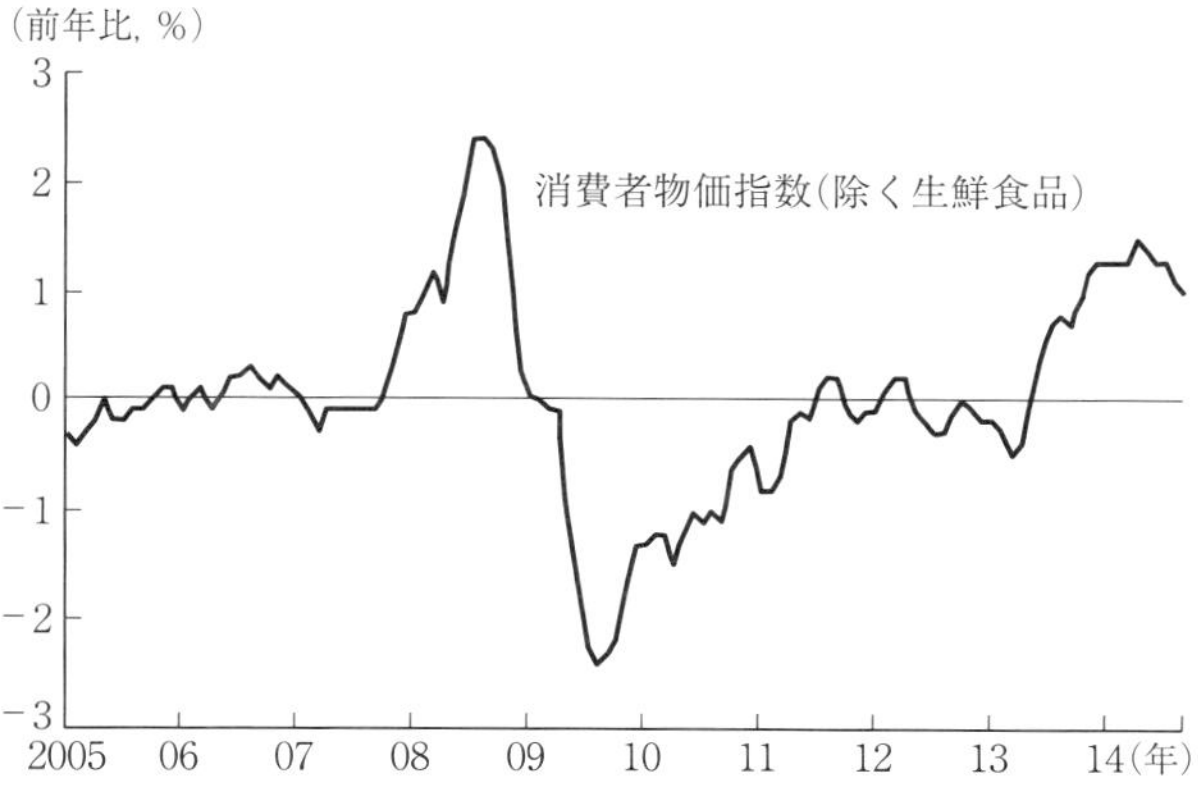

注：2014年4月以降は，消費税率引き上げの直接的な影響を調整したベース．
出典：黒田東彦「最近の金融経済情勢と金融政策運営」2014年11月25日

図2-7　消費者物価前年比の推移

国・連邦準備制度が二〇一五年前半にもゼロ金利離脱に向かうとの観測が強まるなかで、為替相場の潮流は円安・ドル高方向に動いていた。さらに、二〇一四年一〇月に日銀が原油安によるインフレ率低下に反応して予想外の緩和強化に踏み切ったことは、日米の金融政策の方向感の違いを鮮明にし、今後、日米金利差がいっそう開く、という予想を強め、円安トレンドを強く後押ししている。

いずれにせよ、アベノミクスは想定以上に順調に滑り出した。また、消費者物価も当初は民間予想よりも速いペースで上昇した(**図2-7**)。ただし、これは円安の物価への影響が予想以上に大きかったことによる。

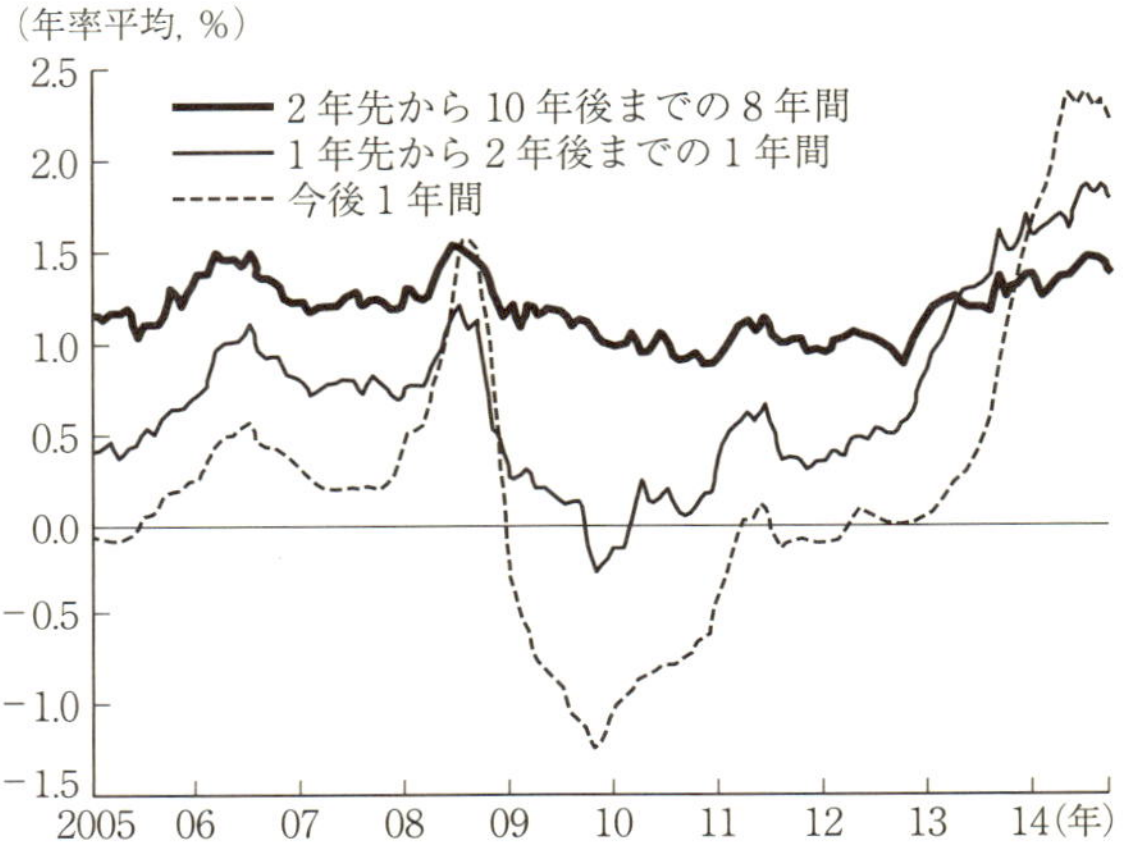

出典：日本銀行「金融経済月報」2014年11月

図2-8　予想インフレ率の動向(QUICK調査)

長期インフレ予想はあまり変化していない

この間、日銀は、二〇一三年四月四日に導入された量的・質的金融緩和は「インフレ期待」に働きかける政策であることを繰り返し強調した。銀行券発行高と日銀当座預金残高の合計であるマネタリーベースを二倍に増やす等によって人々のインフレ予想を高めることで買い急ぎを誘い、景気と物価を押し上げる、という狙いである。この点は、どうなったのだろうか。

インフレ予想についての指標はいろいろあるが、ここでは、まず、二〇一三年九月調査から、消費税率引き上げの影響を含む計数を回答するよう質問項目に明記されている債券市場参加者へのアンケート調査(QUICK調査)を最初にみてみよう(**図2-8**)。

これによると、二〇一三年末以降、今後一年間、および、一年先から二年後までの予想インフレ率は急角度で上昇している。しかし、二年先から一〇年後までの八年間の平均予想インフレ率はあまり変化していない。このことは、目先の予想インフレ率の上昇は二〇一四年、二〇一五年の消費税増税予想効果に大きく依拠していることを示している。

また、消費税増税の影響を除いた家計の今後五年間の予想物価上昇率は、ほとんど変化していない(**図2-9**)。なお、多くのインフレ予想指標は二〇一四年夏ごろから日銀の予想インフレ率への働きかけとは裏腹に、全体として低下傾向をたどり始める。このことが、二〇一四年一〇月の追加緩和につながっていく。

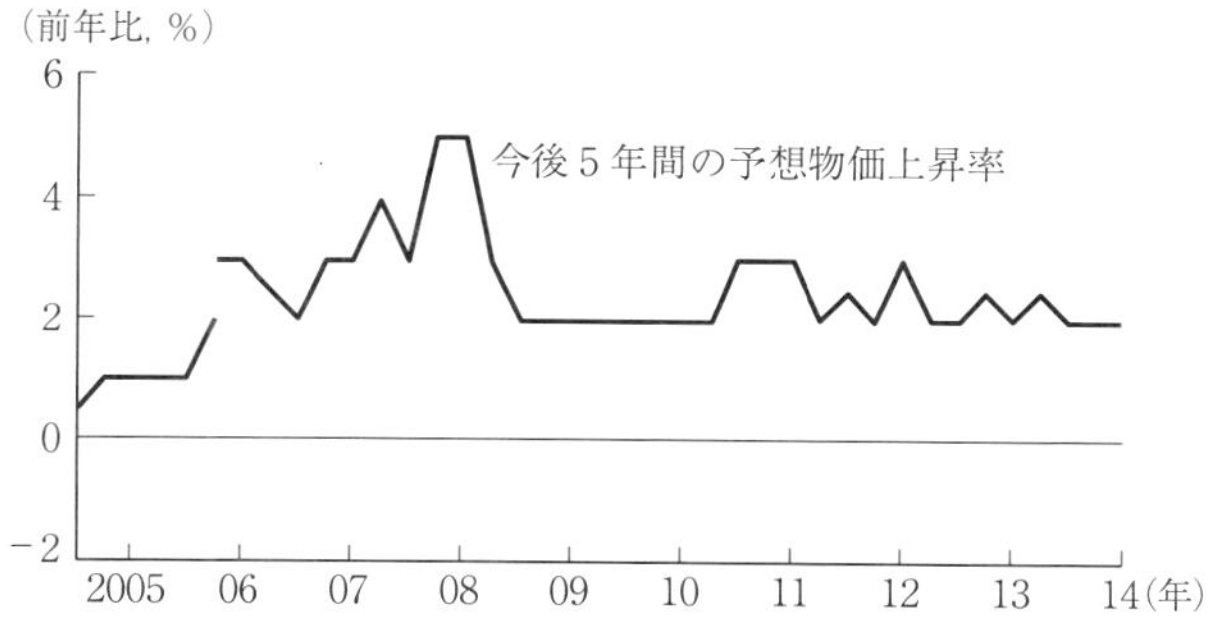

注：2013年6月調査からは，消費税率引き上げの影響を除くベースで回答するよう，質問項目に明記.
出典：白井さゆり「わが国経済・物価情勢と金融政策：中期見通しと金融緩和の拡大について」2014年11月26日挨拶

図2-9 消費税率引き上げの影響を除く家計の予想物価上昇率

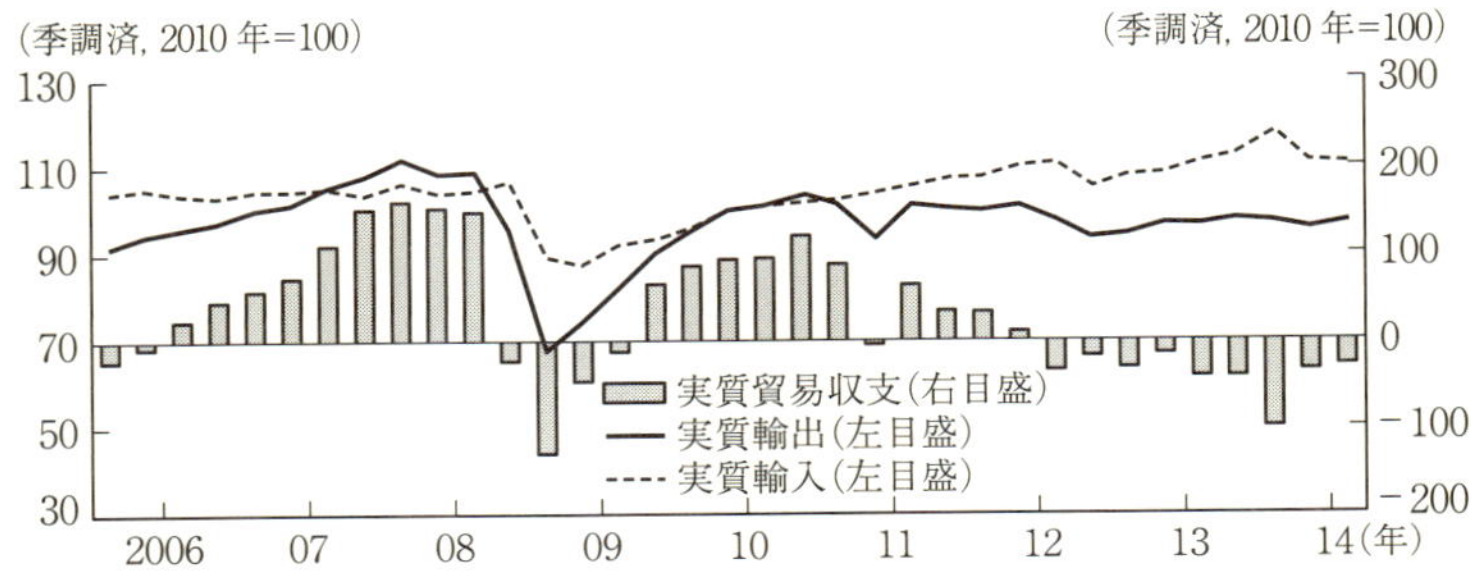

出典：日本銀行「金融経済月報」2014年11月

図2–10　実質輸出入等の推移

消費税率を二〇一四年四月に八%、二〇一五年一〇月に一〇%に引き上げることを柱とする社会保障と税の一体改革関連法案は、第二次安倍政権発足の約四カ月前に成立している。その意味で、消費税率の連続的引き上げのアナウンスはアベノミクスの一部ではない。しかし、それを実行することで、フェルドスタイン提案的な効果を発揮し、その効果の及ぶ時期の予想インフレ率を引き上げている。実際、安倍政権は、かなりの逡巡を経て二〇一四年四月に消費税率引き上げを実行したので、その意味では安倍政権の実行した政策の一部がインフレ期待を押し上げる効果を発揮した、ということは間違いないだろう。

輸出の停滞と実質貿易収支の悪化

安倍政権の経済政策下で円安が実現した当初は、円安によって日本企業の競争力が高まり輸出数量が増加するだろう、と受け止められていた。しかし、実際に起きたのは想定外の輸出の伸び悩みと輸入の増加である(**図2–10**)。実質輸出(輸出数量)が伸び悩み、貿易収支の悪化幅が大きくなる、という展開は政府・日銀だけでなく、民間エコノミストにとっても予想外の展

表 2-1　2013 年後半以降の実質 GDP 成長率と需要項目別寄与度の推移

（単位：%）

	2013 年		2014 年		
	7-9 月	10-12 月	1-3 月	4-6 月	7-9 月
実質 GDP 成長率 ［前期比年率］	0.4 ［1.6］	−0.4 ［−1.5］	1.4 ［5.8］	−1.7 ［−6.7］	−0.5 ［−1.9］
国内需要	0.8	0.2	1.6	−2.8	−0.5
民間需要	0.6	0.1	1.8	−2.9	−0.7
民間最終消費支出	0.2	−0.0	1.3	−3.1	0.2
民間企業設備	0.1	0.1	0.9	−0.7	−0.1
民間住宅	0.1	0.1	0.1	−0.3	−0.2
民間在庫品増加	0.2	−0.1	−0.4	1.3	−0.6
公的需要	0.2	0.1	−0.2	0.1	0.1
公的固定資本形成	0.2	0.1	−0.1	0.0	0.1
純輸出	−0.4	−0.6	−0.2	1.0	0.1
輸　出	−0.1	0.0	1.0	−0.1	0.2
輸　入	−0.3	−0.6	−1.2	1.1	−0.1
名目 GDP 成長率	0.2	0.2	1.3	0.1	−0.9

出典：日本銀行「金融経済月報」2014 年 12 月

開だったように思われる。

この間、実質輸出伸び悩みと裏腹に輸入依存度が高まっていたパソコンなどの家電製品価格は二〇一三年末には前年比二桁を超える上昇率にまで到達し、物価の押し上げに大きく貢献した。日本の人口が減少する中で、日本企業の生産拠点も需要地に近い海外への移転が進んでいた。以前のように国内生産余力が大きく、円安で輸出採算が好転すればただちに輸出数量が増える、といった単純な構造ではなくなっている。その現実にあらためて直面したのである。

拡張的な財政政策

予想外の輸出の伸び悩みにもかかわらず、二〇一三年度前半まで経済が回復を続けた原動力としては拡張的な財政による景気下支えが挙げられる。政権発足後、安倍政権の総需要政策は、第二の矢とされる拡張的な財政政策で補強された。財政拡張と日銀による大量の長期国債購入(量的・質的緩和)という組み合わせは、バーナンキの提唱したマネタイゼーション政策に近い。実質貿易収支の悪化に対応する純輸出の大きなマイナスを公的需要が相殺することで二〇一三年度前半の経済成長は下支えされてきた。

ただ、公的需要の寄与度が低下していく中で、二〇一三年第四・四半期にはマイナス成長になり、翌年の第一・四半期は消費税増税の駆け込みでかなりの成長になったものの、その反動で第二、第三・四半期と連続してマイナス成長になり、安倍総理は二〇一五年一〇月の消費税増税見送りを表明し、衆議院を解散した(**表2-1**)。

このように、これまでアベノミクスとして実行されてきた安倍政権の経済政策の枠組みはスベンソン提案、バーナンキ提案、フェルドスタイン提案の一部ないし変形された要素を政策に組み込んだもの、と理解できる。この枠組みにおいて、主役はあくまで政府の為替・財政政策であり、中央銀行の金融政策は期待への働きかけの旗を掲げてはいるがその効果は実態としては「機動的財政政策」が長期国債金利を上昇させるのを抑える働きが中心であった。

二〇一四年末時点における日本経済の短期展望と課題

二〇一四年末の日本経済は、円安・株高、そしてやや失速気味という印象の実体経済、という組み合わせのもと、二〇一五年一〇月の消費税率引き上げ断念、という政策判断で年を終えた。

しかし、二〇一五年の日本経済は、むしろ比較的順調に回復傾向を続ける公算が大きい。原油価格の大幅な低下という予想外の強力な援軍が現れたからである。

原油価格は、二〇一四年なかばから下がり始め、なかなか下げ止まらないことから、一〇月中旬にはＯＰＥＣの盟主・サウジアラビアが一バレル八〇ドル前後までの価格下落を容認したのでは、といった観測記事が流れた。しかし、サウジアラビアは、その後も減産に動く気配をみせず、二〇一五年に入った後は五〇ドルをも割りこんだ。

仮にこの時点の低価格が一時的だったとして、二〇一五年平均が一バレル六〇ドル程度になれば、一〇〇ドル程度であった二〇一四年より四割低下することになる。日本の鉱物性燃料輸入額は年間三〇兆円近くあり、東日本大震災後、その増加は貿易収支赤字の大きな要因の一つになってきた。その価格が四割下がれば、消費税率にして四％以上の所得が海外から移転される。

その影響で、黒田総裁が二年間で実現すると標榜してきた消費者物価の前年比上昇率二％、という目標達成は絶望的になっている。二〇一四年一〇月に追加緩和を実施したことで生じた円安の影響を織り込んでも、インフレ率は黒田総裁の就任二年目の頃には、〇％近傍にまで低下している可能性が高い。しかし、齊藤誠氏が指摘した日本の停滞感の大きな背景である交易条件の悪化は、この「逆オイルショック」により大きく改善される。このため、「よいデフレ」のもとで好況感が拡がってくる可能性が高い。むろん、米国、欧州、中国の経済情勢や、天災、地政学的リスクなど、現時点では予測困難なさまざまの要因が日本の経済情勢の今後を左右する。しかし、短期の標準的な景気シナリオは、日銀の当初のシナリオとは全く異質なかたちで好転する、と考えてよい。

結果よければ全てよし。とはいえ、量的・質的緩和の最終的評価は、短期的に経済が上向くかどうかに依存しているわけではない。この政策を評価するうえで重要な意味をもつのは、長期的効果および副作用であり、リスクが本格的に表面化するのはインフレ目標に到達したあとである。この点を考える前に、次の章で量的・質的緩和の「金融政策としての効果」をもう少し掘り下げておこう。

第三章　非伝統的金融政策の効果

バーナンキのジョーク

二〇一四年一月一六日、連邦準備制度理事会議長からの退任を約二週間後に控えたベン・バーナンキは、この日、ブルッキングス研究所のコンファレンスに出席していた。そして量的緩和についての見解を求められ、くつろいだ様子で「ジョーク」を飛ばした。「量的緩和の問題点は、それが現実には効果を発揮したが、理論的には効果がないことだ」と言ってのけたのである。この発言はさまざまなところで引用されている。その反響の大きさは、このジョークが量的緩和の「不都合な真実」をあまりに適確に言い当てたからにほかならない。

たとえば、ファンド・マネージャーのジョン・ハスマンは、その四日後、ブログで、スティービー・ワンダーの名曲『迷信』の一節(「君が理解できないことを信じるなら、君はひどい目にあうだろう。迷信に頼っちゃいけない」)とバーナンキの言葉を並べ、次のように記した。

スティービー・ワンダーが『迷信』をレコーディングしたのは、一九七二年、株価が半分になる直前だった。ニューヨーク連銀総裁のウィリアム・ダドレーもほんの二、三週間前、バーナンキと同じことを指摘している。連邦準備制度でさえ量的緩和がどう効くのかよくわかっていない、ということだ。ＦＯＭＣ〔連邦公開市場委員会。連邦準備制度の政策決定機関〕の連中が本当に言おうとしていることは、短期金利についてのごく分かりきった影響を除けば、連邦準備制度がコントロールしたいと思っている指標――金融変数であれ実体経済変数であれ――とマネタリーベースとの間には、機械的なリンクが皆無なことだ。マネタリーベースを供給すれば、株価を押し上げそうな感じ、それが経済のコンフィデンスを高めることに寄与するだろう、という感じはある。しかし、投機的利回りの追求や、市場を強気化させることで心理的な熱狂を煽ること以外、はっきりした金融ないし実体経済上のチャネルは欠落しているのだ。

(http://www.hussmanfunds.com/wmc/wmc140120.htm)

こうした実務家の懐疑的見解に、一般の人は驚くかもしれない。中央銀行がお金をたくさん供給すれば、物価が上がるのは当たり前ではないか、という感覚は一般市民の間には、漠然と共有されているのではないだろうか。しかし、この素朴なマネタリズム(＝中央銀行が「お金」を増やすと物価が上がる)と現実との落差は大きい。それは、中央銀行が供給する「お金(中央銀行当座預金)」は、家計や企業の稼ぎを反映した預金とは性格が異なる点に由来する。

金利が下がる余地の限られている世界では、銀行券や中央銀行当座預金の増加がもたらす効果は一般人のイメージよりはるかに小さい。以下では、比喩的な議論も交えながら量的緩和系列の非伝統的金融政策の効果を考えてみたい。

1　量的緩和の効果

日本銀行の量的・質的緩和とはどのようなものか

まず、日銀が二〇一四年一一月現在で実施している「量的・質的緩和」がどのようなものなのか確認しよう。二〇一三年四月四日の金融政策決定会合で、日銀は、「消費者物価の前年比上昇率二％の「物価安定の目標」を、二年程度の期間を念頭に置いて、できるだけ早期に実現する」ため、量的・質的緩和の導入を決定し、翌二〇一四年一〇月三一日にはその拡大を決定した（**表3-1**）。

日銀の対外公表文の中に、マネタリーベースという言葉が出てくる。これは、一般には馴染みのない概念だが、

マネタリーベース＝「日銀券発行高」＋「貨幣流通高」＋「日銀当座預金」

と定義される通貨指標である。

このうち、日銀券、貨幣（一〇〇円白銅貨などのコイン）については説明の必要はないだろう。ただし、コインの発行主体は日銀でなく政府である。また、その流通残高は四・五兆円程度で日銀券、日銀当座預金残高より二桁小さく、変動も小さいので政策的議論では無視してもかまわない。日銀当座預金は、銀行などの金融機関が日銀に預けている当座預金であり、金融機関間の決済に使われるほか、

表 3-1　日銀の量的・質的緩和導入と拡大の骨子

2013 年 4 月 4 日：量的・質的金融緩和の導入

消費者物価の前年比上昇率 2% の「物価安定の目標」を 2 年程度の期間を念頭に置いて，できるだけ早期に実現する．

①マネタリーベース・コントロールの採用

マネタリーベースが，年間約 60–70 兆円に相当するペースで増加するよう金融市場調節を行う．

②長期国債買入れの拡大と年限長期化

イールド・カーブ全体の金利低下を促す観点から，長期国債の保有残高が年間約 50 兆円に相当するペースで増加するよう買入れを行う．

また，長期国債の買入れ対象を 40 年債を含む全ゾーンの国債としたうえで，買入れの平均残存期間を，現状の 3 年弱から国債発行残高の平均並みの 7 年程度に延長する．

③ ETF，J–REIT の買入れの拡大

④「量的・質的金融緩和」の継続

「量的・質的金融緩和」は，2% の「物価安定の目標」の実現を目指し，これを安定的に持続するために必要な時点まで継続する．その際，経済・物価情勢について上下双方向のリスク要因を点検し，必要な調整を行う．

2014 年 10 月 31 日：量的・質的金融緩和の拡大

(1)マネタリーベース増加額の拡大

マネタリーベースが，年間約 80 兆円(約 10–20 兆円追加)に相当するペースで増加するよう金融市場調節を行う．

(2)資産買入れ額の拡大および長期国債買入れの平均残存年限の長期化

①長期国債について，保有残高が年間約 80 兆円(約 30 兆円追加)に相当するペースで増加するよう買入れを行う．ただし，イールド・カーブ全体の金利低下を促す観点から，金融市場の状況に応じて柔軟に運営する．買入れの平均残存期間を 7–10 年程度に延長する(最大 3 年程度延長)．

② ETF および J–REIT について，保有残高が，それぞれ年間約 3 兆円(3 倍増)，年間約 900 億円(3 倍増)に相当するペースで増加するよう買入れを行う．新たに JPX 日経 400 に連動する ETF を買入れの対象に加える．

出典：日銀ホームページを基に筆者作成

金融機関はATMなどに入れておく銀行券もここから引き出すことができる。

当初の量的・質的緩和は、二〇一四年末におけるマネタリーベースの残高を二年間に二倍にするために、長期国債の保有残高も二倍にする、というのが核心部分である。しかし、マネタリーベースを増やす、といっても銀行券は、人々が必要に応じて銀行預金を下ろして手持ちするお金である。日銀が人々に預金を下ろさせて銀行券を持たせることはできない。日銀が国債を買う公開市場操作(オペ)等で増やすことができるのは、金融機関が保有する日銀当座預金のみである。

なお、量的・質的緩和には、ETF(上場投資信託：証券取引所に上場し株価指数などに連動する投資信託)、J-REIT(不動産投資信託：不動産に投資する投資信託)の買い入れの拡大が含まれている。これらは、中央銀行が通常買わない資産を買う、という意味で非伝統的金融政策に含まれる。中央銀行がこれらの資産を大規模に買うのを躊躇するひとつの大きな理由は、これらを大規模に購入する政策は、それにより一部の人達に大きな利益をもたらしうる反面で、値下がりした時には納税者負担をもたらす、という財政政策領域の副作用を持つことによる。しかし、ここでは、紙幅の関係で、質的緩和についての議論は割愛し、量的緩和の効果について考える。

量的緩和・ババ抜き・椅子取りゲーム

量的緩和では、日銀が銀行などから国債を買い、その代わり金が銀行などの日銀当座預金に振り込まれることで、マネタリーベースが増えていく。このオペレーションに対して、一般の人の持つイメージは、そのお金が世の中に「じゃぶじゃぶ溢れ出してくる」のだろう、というものだろう。しかし、日銀当座預金が「溢れ出す」ことはない。その理由は、中央銀行当座預金は、金融市場の個々のプレイヤー（金融機関）が自分の持ち分を変化させることができても、プレイヤー全体ではその量を変化させることができないものだからである。このため金融機関の外側に「溢れ出る」ことは原理的に不可能である。

トランプのババ抜きでは、ジョーカーを持っているプレイヤーは、隣のプレイヤーに引かせれば、自分の手札にはジョーカーはなくなる。しかし、ゲームに参加しているプレイヤーの誰かがジョーカーを持っていることに変わりはなく、ジョーカーが消滅することはない。

椅子取りゲームの構造もこれに似ている。このゲームでは、プレイヤーの数より少ない椅子の周りにプレイヤーが立つ。ジェンカとかオクラホマ・ミキサーといった音楽が鳴り始めるとプレイヤーは椅子の周りを回り始め、音楽が止まった時に、急いで椅子に座る。椅子に座れなかったプレイヤーは負けになり、見物に回る。椅子の数をだんだん減らし、最後まで椅子に座れた人が勝ちになる。このゲームでも椅子を減らすのはプレイヤーではなく、ゲームの進行係である。プレイヤーは椅子を奪いあうことはできても、椅子を増やしたり減らしたりすることはできない。

中央銀行の金融引き締めはこの「椅子取りゲーム」に似ている。金融市場の「進行係」である中央銀行は国債を売って中央銀行当座預金という「椅子」を減らしていく。すると、「中央銀行当座預金の借り賃」であるインターバンクの金利が上がっていく。椅子取りゲームでは、椅子をどんどん減らしていけば、椅子の取り合いが激しくなる。同様に、中央銀行が中央銀行当座預金を減らしていけば、金利は上がり、金融引き締め効果が強まる。逆に、中央銀行が、市場に「椅子」をどんどん供給すると借り賃は下がる。しかし、「椅子」の借り賃がタダになる状況、つまりゼロ金利が出現するような状況では、金利面からの緩和効果は存在しなくなる。ゼロ金利に到達した後の量的緩和の拡大は、広場いっぱいに椅子がならび、まばらに人が座っているような状況でさらに椅子を増やすような政策になる。

ポートフォリオ・リバランス効果

こうした点を踏まえて、量的緩和にどのような効果が期待できるのか、を考えてみよう。もっとも基本的な効果とされるのは、「ポートフォリオ・リバランス」効果であり、最近、注目を浴びているのが「期待に働きかける効果」である。日銀もこの二つを強調している。

期待に働きかける効果については、第二節で取り上げることにして、この節では、まず、ポートフォリオ・リバランス効果についてみてみよう。

ポートフォリオとは、投資家や個人がどのような資産をどれだけ持っているか、という金融資産構成を意味している。リバランスは、その組み替えのことである。例えば、中央銀行が民間から長期国債を買うと、民間部門の資産は、多すぎる中央銀行当座預金と少なすぎる長期国債から構成されることになるので、人々は、それを組み替えようとする(ポートフォリオをリバランスする)はずだ、と考える。

この点について、黒田総裁は例えば、二〇一三年六月一一日の定例記者会見で量的・質的緩和に伴うポートフォリオ・リバランスについて次のように説明している。

例えば、ポートフォリオ・リバランスを取り上げると、日本銀行が長期国債を年間五〇兆円のペースで保有残高が増加するよう買い上げて行くことで、いわば、市場から長期国債をその分日本銀行の方に引き上げてしまいますので、当然、それまで長期国債を持っていた金融機関にせよ、企業にせよ、ポートフォリオのリバランスをしなければならないわけです。その際には、株式や外債、金融機関であれば特に貸出など、そういったものにポートフォリオのリバランスが行われていくことにならざるを得ないわけです。その効果は、毎月毎月、累積していくと思っています。

黒田総裁の説明では「銀行等が年間、五〇兆円の長期国債を手放す分、五〇兆円の株式や外債を買うはずだ」、と言っているようにも聞こえる。しかし、この説明をそのように解釈するのは誤りである。なぜなら、民間金融機関は日銀のオペに応じて長期国債を手放した代わりに同額の日銀当座預金を五〇兆円持ってしまっているからだ。民間金融機関全体としてそれを手放すことはできない。

もちろん、個別の銀行は、国債が減った分、たとえば外債や株式を買うことができる。A銀行は、一兆円国債を売却し、それで増えた日銀当座預金で一兆円、米国債を買うかもしれない。しかし、その場合も外債購入代金の一兆円は消えるわけではなく、別の銀行——たとえば、B銀行——の日銀当座預金に移るだけだ。ババ抜きでジョーカーが隣のプレイヤーの手に移るだけであるように。

日銀当座預金が「消える」のは、①家計等の預金引き出しに備え銀行が日銀から銀行券を引き出したり日銀からの借入れを返済する場合、②日銀が国債を売るなどして吸収した場合、③政府が税金などで吸収した場合、に限られる。銀行や投資家のポートフォリオ・リバランスの結果で増減したりはしないから、「量的緩和は空回りしている。なぜなら、日銀が日銀当座預金を増加させても、金融機関はそれを滞留させたままにしているからだ」という日銀批判・金融機関批判は正しくない。日銀が国債を買ったことに伴うポートフォリオ・リバランス効果は、国債を売った五〇兆円分、株式や外債が買われるという劇的なものではない。量的な変化は、とりあえず民間保有の国債総額が減り、日銀当座預金が増えるだけである。

ただし、それに伴い、国債価格には上がる方向のプレッシャーがかかり、日銀当座預金の価格にあたる短期金利には(ゼロでない限りは)下がる方向にプレッシャーがかかる。この価格ないし金利変化は他の金融資産の価格・金利にも間接的な影響を与えるだろう。あくまで価格効果であるポートフォリオ・リバランス効果と呼ばれるものが、巨額のオペで期待される見かけのわりにささやかなのは、その意味で当然なのである。

マイナス金利の効果

応用問題として中央銀行当座預金保有に「マイナス金利をつける」ことの金融緩和効果について考えてみよう。中央銀行は預金金利・貸出金利を含む金利全般をマイナスに誘導することはできないが、中央銀行当座預金にマイナスの預金金利をつけたり、損失覚悟のオペで一部の国債利回りをマイナスに誘導したりすることはできる。

二〇一四年六月五日、欧州中央銀行は、政策金利をそれまでの〇・二五%から〇・一%引き下げ、過去最低の〇・一五％にした。同時に、中央銀行当座預金への付利水準をマイナス〇・一％にするマイナス金利政策の導入も併せて決定した。これに対し、多くの解説記事は、マイナス金利政策は民間の金融機関に対して融資を促すために行われたもの、としている。そのメカニズムとしては、「金融機関が中央銀行に資金を預ける場合、通常は利子がつきます。しかしこの利子をマイナスにするということは、銀行にとってみれば、お金を預けると逆に利子を徴収されてしまうことを意味しています。このままでは銀行は損をしてしまうので、融資にお金を回すことになりますから、金融機関による融資の拡大が期待されます」(「THE PAGE」二〇一四年六月一三日付解説記事 http://thepage.jp/detail/20140613-00000001-wordleaf)などと説明されている。

確かに、中央銀行当座預金の金利が大きなマイナスであれば、民間銀行は中央銀行当座預金を圧縮して別の用途にあてたい、と考えるだろう。その意味でこの説明はわかりやすい。しかし、個別銀行が債券を買ったり、企業に貸出しその企業がそれを支払にあてたりしても、それで中央銀行当座預金が消滅することはない。ババ抜きのジョーカーのように、それは他行の口座に移動するだけだからだ。

この「中央銀行対銀行のゲームのルール」の例外は、中央銀行貸出の返済である。しかし、中央銀行貸出で最近目立っているのは、銀行の企業向け貸出を支援する目的で中央銀行が銀行に低利融資する貸出支援制度である。日銀も企業貸出支援のための低利融資制度を採用している。銀行がこれを返済して中央銀行当座預金を圧縮する場合、銀行の企業向け貸出の回収につながる可能性があり、企業向け貸出促進という観点ではマイナス金利が逆効果になりかねない。このケースを考えても、マイナス金利の効果で、銀行がそれを融資に回し、中央銀行当座預金が全体としてみるみる減っていく、ということはありえない。このほか、マイナス金利が法外に大きい場合には、銀行は中央銀行当座預金から銀行券を引出し、とりあえず倉庫に積んでおく方が有利になることがありうる。この場合には、中央銀行当座預金を減らすことはできる(しかし、銀行券と中央銀行当座預金を加えたマネタリーベースでみれば減少しない)。

ちなみに、民間金融機関にとって現実的なマイナス金利対策の本線は、中央銀行当座預金を現金にして倉庫に放り込んでおく、ということではない。彼らは、中央銀行に課せられた当座預金の保有手数料を、経費として企業や家計への貸出金利に上乗せしたり、個人や法人から受けいれている預金からも見合いの手数料を取る、といった対応を採ろうとするだろう。それが可能かどうかは銀行と企業などとの力関係に依存するが。

なお、マイナス金利がマクロ的政策的効果を持つ可能性がもっとも高いと考えられるのは、自国通貨高対策である。自国通貨高阻止のために中央銀行が外貨を買い、自国通貨を売る介入を行う場合を考えてみよう。介入により、外貨の代わり金が中央銀行当座預金に振り込まれる。それに対しマイナス金利を課せば、自国通貨保有に自動的にペナルティを課すことになり、自国通貨買いを抑制できる可能性がある。

二〇一四年一二月一八日、スイス国民銀行は、翌年一月から中央銀行当座預金金利にマイナス金利を導入すると発表した。ところが、その実施に先立ちスイスフランへの無制限介入を撤廃し、導入するマイナス金利を当初予定の〇・二五%からマイナス〇・七五%に変更する、とした。その狙いがスイスフラン高の緩和にあったことは言うまでもない。

量的緩和と準備率の引き上げとの共通点

もう一つの応用として、教科書的な金融政策手段とされている準備率操作と量的緩和の効果を比較してみよう。日本の準備預金制度では、銀行などの金融機関に対して、「受け入れている預金等の資産の一定比率(「準備率」)以上の金額を日銀に預け入れること」を義務付けている。この準備預金は、一カ月の平均で準備率にみあった水準で日銀当座預金口座に積まれていればよい。準備率は、日本銀行の政策委員会が金融政策決定会合において設定・変更・廃止することができる。金融政策手段として準備率を動かすのが準備率操作である。

金利がゼロでない平時における準備率の引き上げ(預金に対してより多くの中央銀行当座預金を保有させること)は、金融引き締め手段と位置づけられている。これは、金融機関が吸収した預金の一定割合を金利が付かない準備預金に預けることを強制する課税的措置により、貸出などへの運用を抑制することができる、と考えられているからである。量的緩和の場合、準備率引き上げと異なり、個々の金融機関は、自分の裁量でどれだけ中央銀行当座預金を保有するかは選べる。しかし、金融部門全体では、だれかがジョーカーを抱えている状態を強いられるため、民間金融機関の統合されたバランスシートでみると、準備率引き上げと同じことになる。

日本を含む先進国で、準備率操作が金融政策手段としてしばしば利用されていたのは、ずいぶん昔のことである。日本の場合も、準備率は、一九九一年一〇月以降、ほぼ四半世紀にわたって変更されていない。先進国で準備率操作が敬遠された一つの理由は、上記のように準備率操作には課税的性格が強い点にある。ちなみに、連邦準備制度は、所要準備、超過準備への付利を始めることを発表した二〇〇八年の一〇月六日のプレス・リリースのなかで、強制的に保有させる所要準備へ利子を支払うことは、準備預金保有の機会費用を取り除き、銀行部門の効率性を向上させる、と述べている。

ただし、量的緩和の場合、多くの国で市場金利がほとんどゼロ、準備預金(所要準備)の額を超えた中央銀行当座預金(超過準備とよばれる)に、市場金利とほぼ等しい金利を支払う、という枠組みとなっており、金融機関も痛みはほとんど感じない。強い痛みが生じるのは、市場金利の水準が高いのに準備率が引き上げられる場合である。この点は、第五章で再考する。

「より幅広いお金」についての量的緩和効果

中央銀行当座預金はマクロでは金融機関に必然的に滞留する、と述べた。しかし、家計や企業が意識するお金は、銀行券と銀行預金だろう。こうした意味での「お金」はマネタリーベースの増加のもとでどう動いているのだろうか。

日本銀行調査統計局が作成しているマネーストック統計では、複数の通貨指標が併記されている。大雑把に言えば、M1は、最も容易に決済手段として用いることができる現金通貨(銀行券)と預金通貨(普通預金や当座預金)から構成されている。これに対し、M2は、M1に国内銀行など預金金融機関の「準通貨」を加えたものである。準通貨の大半は、定期預金である。定期預金は解約して現金通貨や預金通貨に替えれば決済手段として使えるから、預金通貨に準じた性格を持つという意味で準通貨と呼ばれている。

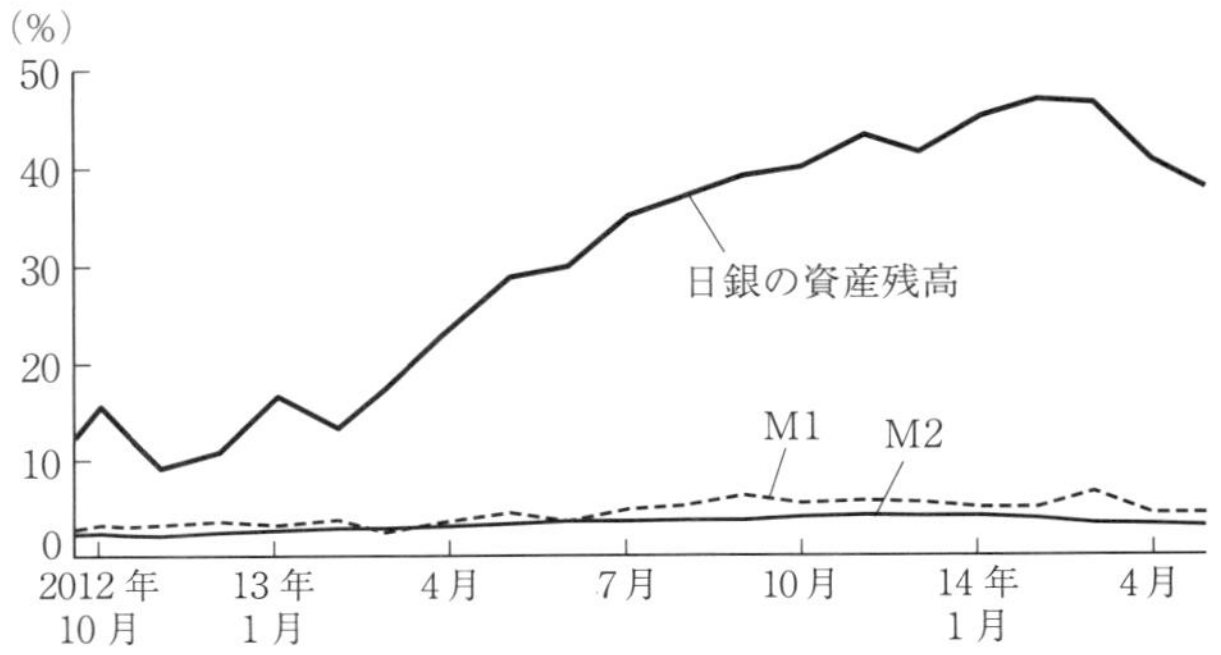

出典：セントルイス連銀データベースから筆者作成

図 3–1　日本銀行の資産残高と M1，M2 の前年比伸び率

図3–1は、近年のＭ１、Ｍ２の動きをみたものである。マネタリーベースを二年間で二倍に増やす、という量的・質的緩和は二〇一三年四月に開始され、日銀のバランスシートは急速に膨らんだが、Ｍ１、Ｍ２の前年比増加率はほとんど高まっていない。

しかし、仮に、家計や企業等が保有するマネーストックが伸びたとしても、必ずしもそのことで金融緩和効果が期待できるわけではない。金利がゼロになるいわゆる「流動性の罠」の状況の下では、いくら通貨供給量を増やしても（ＬＭ曲線が右にシフトしても）金利が下がらないから、景気刺激効果は存在しない。これが入門的なマクロ経済モデル（ＩＳ–ＬＭ分析）の標準的な結論である。

2　期待への働きかけ

量的・質的緩和についての日銀の期待

それでは、現在の日銀は量的・質的緩和の効果をどう考えているのだろうか。量的・質的緩和導入を決定した直後の黒田総裁の講演では、この点について、以下のように説明している。

次に、「量的・質的金融緩和」が、どのようなメカニズムによって二%の目標を達成するのかということをお話しします。日本銀行では、金融緩和の効果は、主に三つの経路を通じて経済・物価に波及すると想定しています。

第一に、長期国債やETF、J–REITの買入れは、長めの金利の低下を促し、資産価格のプレミアムに働きかける効果を持ちます。これが、資金調達コストの低下を通じて、企業などの資金需要を喚起すると考えられます。第二に、日本銀行が長期国債を大量に買入れる結果として、これまで長期国債の運用を行っていた投資家や金融機関が、株式や外債等のリスク資産へ運用をシフトさせたり、貸出を増やしていくことが期待されます。これは、教科書的にはポートフォリオ・リバランス効果と言われるものです。長期国債の買入れの平均残存期間を思い切って延長したのは、この効果を意識したものです。また、第三に、物価安定目標の早期実現を約束し、次元の違う金融緩和を継続することにより、市場や経済主体の期待を抜本的に転換する効果が考えられます。先ほどお話ししたデフレ期待の払拭です。予想物価上昇率が上昇すれば、現実の物価に影響を与えるだけでなく、実質金利の低下などを通じて民間需要を刺激することも期待できます（黒田 二〇一三a）。

黒田総裁の挙げている第一の価格面の効果と独立に量的なポートフォリオ・リバランス効果が存在するかどうかは疑問だが、黒田総裁はマネタリーベースを二倍にすることを中核とする量的・質的緩和がインフレ期待を上昇させ、実質金利が低下する可能性にも大きな期待を表明している。ちなみに、為替レートを経由する効果にもっとも期待しているはずだが、この時点では、円安誘導論はすでに封印されているので為替をターゲットして金融政策を運営することはない、としている。ちなみに二〇一四年一〇月の追加緩和も中心的効果は円安心理の後押しだが、それへの言及も当然避けられている。

マネタリーベースの増大は期待インフレ率を高める必然性があるか

期待に働きかける効果には客観的なメカニズムが背後にあるわけでない。では、日銀は、なぜ、マネタリーベースが増加すれば人々はインフレになると予想する可能性があると考えているのだろうか。この点について、岩田規久男副総裁は、学習院大学教授時代から、米国のデータを利用した回帰分析から「マネタリーベース残高が増え続けると予想インフレ率は上昇するという統計的に有意な関係がある」として、マネタリーベース増大の有効性を強調してきた(岩田 二〇一二)。

しかし、この主張と、実際に大規模資産購入プログラムによりマネタリーベースを拡張させてきた米国・連邦準備制度サイドの主張およびその後の実際の成り行きとは大きな隔たりがある。連邦準備制度は、二〇一二年一二月一二日、労働市場の見通しが著しく改善するまで、財務省証券とMBS(住宅ローンなどの不動産担保融資債権を裏付けとして発行された証券)の合計月額八五〇億ドルの購入を継続し、その他の政策手段を適宜活用する、とアナウンスした。この政策が続けば、連邦準備制度のバランスシートは、そのあと数年間、急速な膨張を続けていくことが予想される。したがって、日銀流に考えれば、当然にインフレ期待を押し上げるはずである。しかし、バーナンキ議長は、この決定当日の記者会見で、「誤解がないことを確実にしておきたい」とこの問題に触れ「連邦準備制度のバランスシートの規模は、期待インフレ率には全く影響しない」と断言している。

実際、期待インフレ率についてのイールド・カーブの動きを見ると二〇一二年四月から一二月の大規模資産購入プログラムの導入を経て、一三年三月、四月にかけて、期待インフレ率は一年先の予想から三〇年先の予想に至るまで、すべて二〇一二年四月時点の期待インフレ率をかなり下回り続け、量的緩和縮小論議が始まる前の一三年四月時点でみると、今後一〇年間の期待インフレ率は一・五三%にしかならない、というところまで下がった(**図3–2**)。

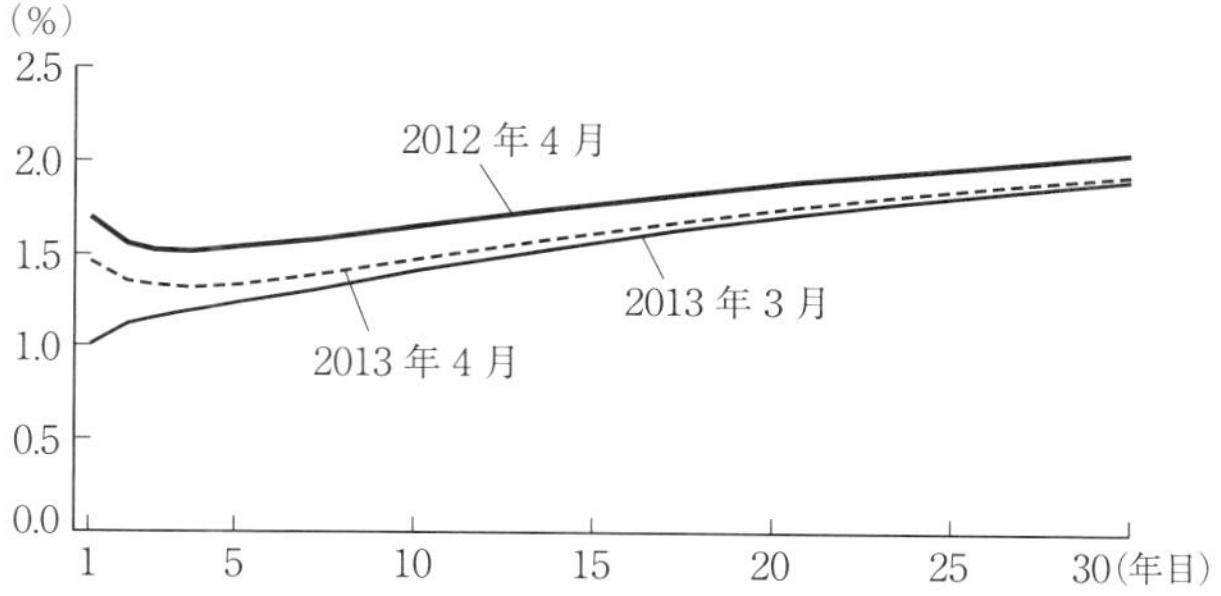

出典：クリーブランド連銀ホームページ

図 3–2　クリーブランド連銀推計によるインフレ予想のイールド・カーブ

インフレ期待の自己実現性

バーナンキ議長は、大規模資産購入プログラムによる連邦準備制度のバランスシートの拡大は期待インフレ率を高めないと断言した。実際にも、バーナンキ議長が言っていた通り期待インフレ率の動きは、バランスシートの規模と逆方向に動いた。しかし、そのことは、必ずしも黒田総裁や岩田副総裁の期待通りに予想インフレ率が高まる可能性がないことを意味するわけではない。自己実現的予言が成就する可能性があるからである。

自己実現的予言は、人々が何かを信じ込むことで実際にそのことが起きる現象である。そのもっとも身近な例は銀行の取り付けやバブルである。発端が流言飛語であれ、新聞報道であれ、何らかの理由で銀行がつぶれると人々が信じれば、預金を下ろそうとして銀行窓口に殺到することで取り付けが起き、取り付けの発端となった情報の正確さにかかわらず銀行がつぶれてしまうことがある。また、サブプライムローン問題発生以前の米国や、土地神話時代の日本のように、住宅地の地価は必ず上がる、と人々が信じれば、実際にも、しばらくは地価が上がり続ける。いずれも、自己実現的予言が成就したケースである。

一般の家計も企業も、金融政策と物価をつなぐメカニズムの細部に知識や関心があるわけではない。大規模な金融政策で物価は上がる、と人々にこれを信じ込ませることができればインフレ期待が動く余地はある。資産市場でバブルが発生しうるように。デフレ脱却をめざす日本では黒田総裁らが、インフレ期待が高まる可能性があるということを非常に強く主張したのは、自己実現的予言を成就させるためである。集団催眠をかけるような政策であることから「中央銀行のシャーマン化」とか、「お告げの金融政策」などと批判されたり、揶揄されたりしているが、それで自己実現的予言が成就すればよい、という判断だろう。

ただし、前章でみたように、短期的な期待インフレ率は円安効果を消費税増税のアナウンス効果が後押しして上昇したものの、中長期的なインフレ期待はおおむね安定的に推移しており、マネタリーベースを二倍にすると宣言した効果はほとんどみられていない。二〇一四年の夏以降は期待インフレ率がむしろ低下傾向を辿りはじめたため、日銀が追加緩和に踏み切ったことは、前述のとおりである。

量的・質的緩和にレジーム・チェンジ効果はあったか

期待への働きかけ、という議論との関連で、量的・質的緩和が強い「レジーム・チェンジ(レジーム・シフト)効果」を持った、とする議論にも触れておきたい。

レジーム・チェンジ効果論で念頭に置かれているのは、フランクリン・ルーズベルトの政策である。黒田総裁自身も、二〇一三年のクリスマスの講演で、量的・質的緩和をルーズベルトの政策によるレジーム・シフトに擬《なぞら》えている(黒田 二〇一三b)。その中で、黒田総裁は、政策的にインフレ予想を引き上げることの実現可能性については、市場関係者やエコノミストの方々の中にも、依然として懐疑的な見方が少なくないように思う、としたうえで、レジーム・チェンジ論に言及している。内外の歴史を振り返ると、人々のインフレ予想が短期間で大きく変化した事例は多くはないのは事実だが、それらはいずれも、政策当局が強い覚悟で行った大胆な政策転換に裏付けられている。例えば、一九三〇年代の米国の大恐慌では、ルーズベルト大統領は、デフレ脱却に向けた強い決意を明確に示し、「ニュー・ディール政策」を実行した。これにより、比較的短期間のうちにインフレ予想はシフトアップし、大恐慌に伴う激しいデフレは収束した。黒田総裁は、このように述べている。

それでは、安倍政権とルーズベルト政権を実際に比較すると、どのようなことがいえるだろうか。この点については、二〇一四年三月にブルッキングス研究所でのコンファレンスで発表されたヨシュア・ハウスマンとヨハネス・ウィーランドの「アベノミクスについての予備的分析と展望」と題された論文が興味深い比較を示している(Hausman and Wieland 2014)。論文全体の方向感について言えば、彼らは、アベノミクスを経済政策上の極めて興味深い実験であり、成功すれば欧米の金融政策にも大きな影響を与えるべきもの、として極めて前向きにとらえている。この点についての彼らの主張は、次の節で取り上げる。しかし、この論文はレジーム・チェンジ効果については懐疑的である。彼らは、まず、フランクリン・ルーズベルトが一九三三年三月に大統領に就任した後の米国の景気回復は、日本に直接の教訓となる金融政策のレジーム・チェンジの有効性の証拠と幅広く認識されている、と述べる。そして、先に引用した黒田総裁の講演にふれ、外部観察者だけでなく、黒田総裁も、ルーズベルトのアクションに対する当時の米国経済の反応は金融政策が即座にインフレ期待を上げることができることを示している、と論じていることを指摘している。

ルーズベルトのレジーム・チェンジとの比較

彼らの挙げるルーズベルトの政策とアベノミクスの「明白な類似点」は次の二つである。

第一に、一九三三年の米国は、二〇一二年の日本同様、デフレ下にあった。GDPギャップは大きく、金融政策はゼロが金利の下限であることに制約されていた。第二に、ルーズベルトは安倍総理同様、金融政策のレジーム・チェンジを狙った。実際、ルーズベルトは、行動と言葉を結び付け、人々にデフレがモデレートなインフレに置き換わるであろうことを確信させた。

もっとも、彼らは、経済的困難の規模が全く異なっていたことにも言及している。ルーズベルトの就任前の三年間、生産量と物価は連続して大きく減少した。一九三二年だけでも、実質GDPは一三％減少し、消費者物価は一〇％下落した。これに対し、一九九八年から二〇一二年までの日本の消費者物価の累積的下落率は四％にすぎなかった。

しかし、彼らが当惑を示すのは、ルーズベルト大統領と安倍総理が政権の座に就いた後の鉱工業生産の軌跡の比較である（**図3‐3**）。

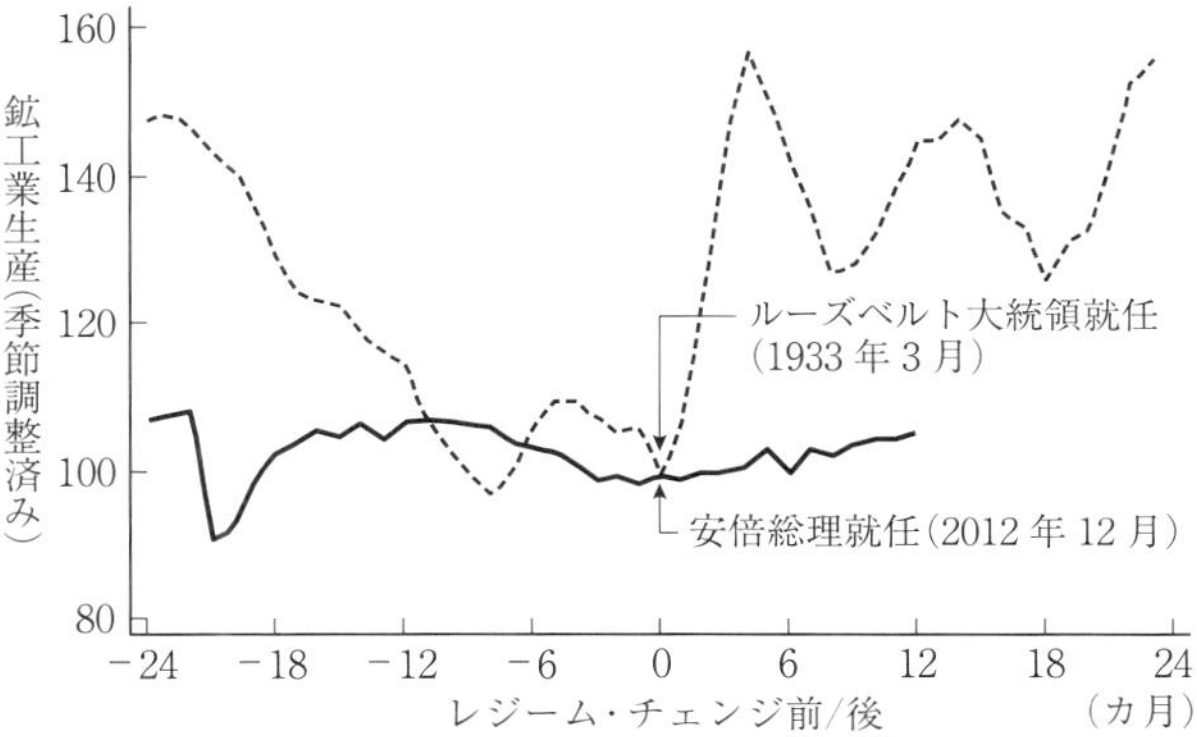

出典：Hausman and Wieland（2014）

図3‐3　ルーズベルト大統領および安倍総理の就任前後の鉱工業生産動向

この図について、彼らは以下のように述べる。ルーズベルトの就任後、四カ月で季節調整後の鉱工業生産は五七％増加した。そしてこの最初の拡大はその後も持続した。一九三四年から一九三六年の実質GDPの平均成長率は一一％だ。多くのエコノミストがこの成長はルーズベルトの金融政策が、インフレと生産量についての人々の期待に与えた影響の結果で説明できると考えている。このエピソードから導き出される教訓は、レジーム・チェンジが大きな持続的影響を生産に与えうる、ということだ。だから、日本でも金融政策が生産量に対して大きな効果を持ちうるはずだ、と彼らは考えた。

日本の「レジーム・チェンジ」についてのパズル

しかし、そのことは彼らに大きなパズルを提起することになる。ルーズベルト大統領のときに米国経済が示したような劇的な反応を日本経済は全く示していないからだ。なぜ、ルーズベルト大統領の行動は直ちに大きな効果を上げたのに、安倍首相の政策(ないし量的・質的緩和)はそうではなかったのか。彼らはこの論文の補論で米国と日本の実質金利の変動を比較している。それを踏まえ、一九三三年の米国では、それらが概ね日本の経験の二倍から四倍であった、とする。だから、他の事情が同じなら、アベノミクスの効果は、半分から四分の一、と予想される。しかし、これはパズルの一部分を解いたに過ぎない。なぜなら、アベノミクスは、一九三三年の米国の四分の一よりも、はるかに小さな成長しかもたらしていないからだ。結局、彼らのとりあえずの結論は、「楽観的見解に立てば、これは、たぶんレジーム・チェンジの影響が出遅れているにすぎず、将来の成長率の上昇によってパズルは解かれることになる。しかし、われわれは、二〇一三年の日本のデータが現在の日本と一九三三年の米国のより根本的な相違を反映している、という、より悲観的な見方に傾いている」というものである。

しかし、レジーム・チェンジ効果の中核が自己実現的予言の成就によるインフレ期待の高まりを通じたものであれば、バブルが予測困難な現象であるように、レジーム・チェンジの成否も予測困難である。ルーズベルト大統領のように期待への働きかけに成功することもあれば、空振りに終わることも当然にあるだろう。この論文の公表後、日本経済は二〇一四年第一・四半期こそ消費税増税前の駆け込み需要で成長率を高めたものの、二〇一四年第二、第三・四半期と連続して予想以上に大きなマイナス成長になり、二〇一五年一〇月に予定されていた消費税率引き上げは見送られた。したがって、これまでのところ、悲観的見解の方が正しかった形になっている。

レジーム・チェンジの試みでインフレ予想が上昇しなかったことは失敗だったのか

レジーム・チェンジについてのパズルは、いくつかのより大きな論点につながる。

第一の論点は、日本経済の停滞という問題が、二〇一〇年代なかばという時点でも総需要不足に起因しているのか、ということである。ハウスマンとウィーランドは、一九三三年の米国が、二〇一二年の日本と同様、経済はデフレ下にあり、GDPギャップは大きく、金融政策はゼロ金利が金利の下限であるという事実に制約されていた、ということを比較の動機にしている。

しかし、現在、日本のGDPギャップの推計値からみると生産余力は極めて小さい。この点について、彼らは、現実の生産能力と需要を対比するのでなく、実現可能な生産力と需要を対比すればGDPギャップは極めて大きいはずだ、と主張する。つまり、もし需要が伸びていれば生産能力も高かったはずであり、だから需要を伸ばせば生産能力も伸びるはずだ、と想定している。そのことが彼らがアベノミクスによる需要刺激を支持する理由につながっている。

ハウスマンとウィーランドの主張が正しければ、中央銀行のシャーマン化などと揶揄せず、みんながレジーム・チェンジを信じることに協力し、自己実現的予言を成就させることが日本経済のためだ、ということになるだろう。アベノミクスが始まって以来の日本の経済界やマス・メディアの反応の底流にはこの考え方があるようにも思える。

しかし、すでに生産能力の上限近くに達しているようにみえる日本で、総需要追加により生産力が伸びる筈、という彼らの主張が正しくなければ、自己実現的予言が成就し、総需要が急加速することは大きな弊害を招きかねない(この点は、第五章で検討する)。この場合、日本では幸いにしてレジーム・チェンジは起きずに済んだのだ、ということになる。これは、極めて重要な論点である。二〇一三年以降、非常に大きな関心を呼んでいる長期停滞論にふれつつ、ハウスマンとウィーランドの議論をもう少し敷衍してみよう。

3 長期停滞論
——需要不足か供給力不足か

ハウスマンとウィーランドの議論を待つまでもなく、金融政策の最終的評価は、二%のインフレ目標が達成された後、日本経済が中長期的にどのような道筋をたどるかに依存する。それは今後の日本経済の成長を制約する要因が需要不足なのか、供給力不足なのか、さらにマクロ経済政策による総需要追加が供給力を高めるのか、に大きく依拠している。

先進国経済の近年の停滞については、さまざまな議論があり、しばしば長期停滞論として論じられている。ただし、その内容についての理解はさまざまだ。国際金融論から経済史分野にまで幅広い知識をもつカリフォルニア大学バークレー校のバリー・アイケングリーンは、長期停滞論はエコノミストにとってのロールシャッハ・テストのようなものだ、と述べている(Eichengreen 2014)。異なった人々に異なったことを意味しているという点で、長期停滞論は、確かにあの不思議なしみに似ている。

サマーズの長期停滞論(secular stagnation)

長期停滞論を先進国の需要不足の観点からとらえ、人口問題との関連で論じたのはローレンス・サマーズ(ハーバード大学)である。特に、大きな反響を呼んだのは二〇一三年一一月の国際通貨基金のコンファレンスでの講演だった(Summers 2013b)。この講演は人々に大きな衝撃を与え、たいへんな話題となった。

サマーズの問題提起に大きなインパクトがあった一因は、低インフレと持続的成長の併存が高く評価されていたグレート・モデレーション期の評価を反転させ、むしろ悲観論の根拠にした点にある。二〇〇〇年代前半、デフレを懸念した連邦準備制度理事会議長のアラン・グリーンスパンはバブル覚悟で異例の低金利政策を維持し続けた(詳細については、翁(二〇一三b)参照)。結果として、実際にバブルが発生し、それは米国経済の実力以上に需要を膨らませた。しかし、大きなバブルが発生していたのに、この時期の米国経済は一向に過熱状態にならず、インフレにもならなかった。なぜだろうか。米国経済の需要が構造的に不足し、成長する力が弱くなったからではないのか。この推論から、サマーズは、需要の伸びが恒常的に足りない時代が来ている可能性があるのではないか、というのである。

この講演でもう一つ注目されたのは、完全雇用を達成するのに必要な実質利子率(名目金利から期待インフレ率を引いたもの)がかなりマイナスなのかもしれない、という推測である。サマーズは「自然利子率ないし均衡金利がゼロを大きく下回った、としよう。この場合、通常のマクロ経済学的

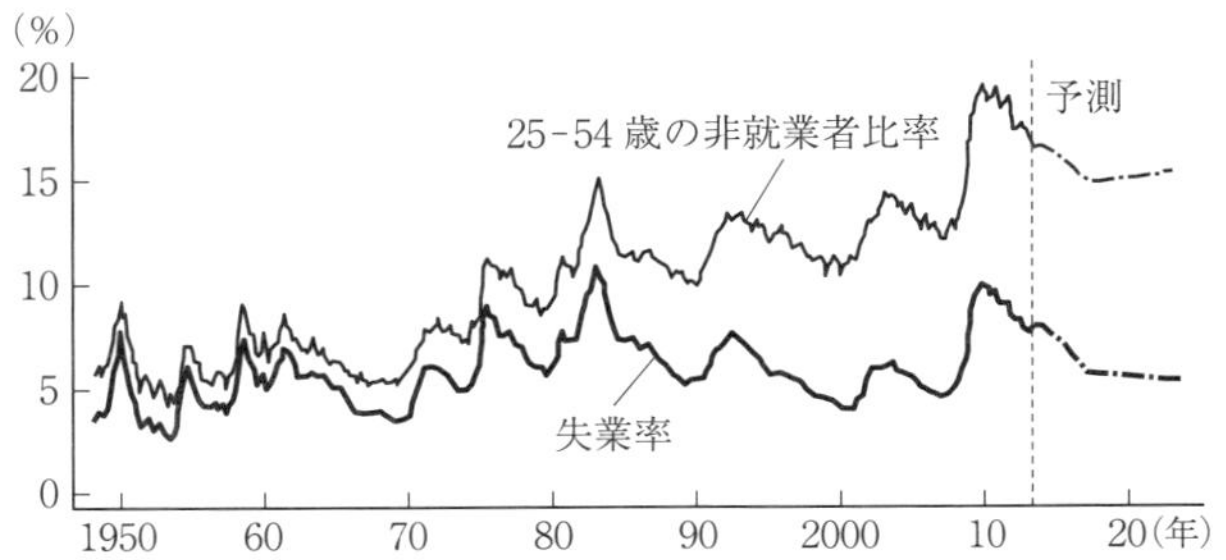

出典：Summers(2013a)

図 3–4　米国における失業者および 25–54 歳の非就業者比率の動向

な思考は深刻な問題に直面することになる。ゼロ金利を永続させることはできても、それを超えた異常な政策を永遠に続けることははるかに難しい。しかし、根本的な問題は永続するかもしれない」と述べている。

こうした懸念の大きな背景として、サマーズは現在の米国の労働者が置かれている状況が、緩やかな改善が続いている失業率統計が示している姿よりもはるかに問題含みであることを指摘した。それは、フルタイムの職がなくパートにとどまっているとか、職探しを諦めてしまった人が増えていることが見かけの失業率を下げている、といった問題である。この点については、サマーズは同年七月の講演でも取り上げている(Summers 2013a)。このとき、彼は二五―五四歳の働き盛りで職に就いていない人が長期にわたって右肩上がりに増えており、今後も高止まりが続くと見込まれる、という興味深い図を示した(**図3–4**)。

ハンセンの長期停滞論

サマーズの議論は均衡自然利子率の概念を持ち出している点が目新しいものの、大恐慌後の一九三八年にアルビン・ハンセンが全米経済学会の会長として行った講演で展開し、学会機関誌アメリカン・エコノミック・レビューの翌年三月号巻頭に掲載され、当時、大きな反響を呼んだ長期停滞論のリバイバル版ともいえる(Hansen 1939)。ハンセンが講演を行った当時の米国は、大恐慌が終わっても経済がなかなかよくならず、悲観的な空気が蔓延していた時期である。新規開拓できるフロンティアはもうない。大規模なイノベーションも枯渇した。人口も減り始めた。これでは、閉塞感に溢れてしまうのは仕方がない。

しかし、ハンセンの講演の直後に第二次世界大戦が起きた。これにより米国の需要不足は軍需で解消した。そして、今後は減少することが避けられないと見込まれていた人口も大戦後のベビーブーム以降、増加傾向が顕著になった。こうしたことから、ハンセンの長期停滞論は現実に合わなくなり、時代の閉塞感に流された悲観論として全面的に否定されてきた。

ところが、ここにきて先進国経済の現状はむしろ当時のハンセンの指摘によくあてはまるかもしれない、という不安が改めて台頭してきたのである。新規開拓できるニューフロンティアないし植民地は存在しない。先進国の人口減少・高齢化も今回は避けられそうにない。さらに、技術革新の枯渇で投資需要が減りがちになるリスクもある。

分配上の問題としては、せっかく起きている技術革新が労働需要を減らすような方向にどんどん進む可能性もある。サマーズは、七月の講演で、完全無人運転の自動車がカリフォルニアからニューヨークまで走行できることに言及し、IT技術がどんどん進歩する中で、これまで機械ではできないと思われていた「人間的な仕事」にどんどん機械が入り込んできつつあることを指摘している。

労働者の仕事を奪ったことで資本の収益率が上がれば、株価は上がるが、資本に職場を奪われた労働者は不要になり、人が余って賃金も下がる。実際、米国の労働分配率は、近年、下がり続けている。この間、グローバリゼーションも労働者を国際的に競争させる方向に作用し、先進国労働者の賃金低下圧力として作用している。

これらの構造変化の結果として、先進国では単純労働だけでなく中間層の労働者の賃金にまで幅広く押し下げ圧力が波及しており、これらの人々の賃金も下がる。そうした中で、一部の優れた専門性をもつ人たちと資本家だけがきわめて高い報酬に恵まれる。これは、所得分配の不平等化が高まる可能性を示唆する。歴史的視点から格差問題を論じたフランスの経済学者トマ・ピケティの大著(Piketty 2013)が世界的に大反響を呼んでいるのも、こうした状況を反映した人々の漠然とした不安感と無関係ではないだろう。

この問題は、それだけにはとどまらず、総需要不足につながる可能性を秘める。一握りの高所得者の消費性向よりも、大多数の低・中所得者の消費性向の方が高いと考えられるからである。

需要不足論の切り口でも、人口問題は重要である。一九三〇年代末期の米国では、ハンセンの見方に代表されるように、米国では人口が減ると思われていたのに、第二次大戦後には予想外のベビーブームが到来し、米国の成長を支えた。近年の中国も人口に占める労働者比率が高まっていく人口ボーナス期にめざましく成長した。この時期には、購買力が高まり、需要が増え、将来への期待も膨らむ。逆に、労働力人口比率がどんどん落ちていく時期(人口オーナス期)には大きな困難が待ち構える。この点は次章でもう少し具体的に点検してみよう。

サマーズ型長期停滞論の理論モデル

米国では、サマーズの懸念に共感するリベラル派のエコノミストが長期停滞の理論モデルづくりを進め、これを踏まえた政策的処方箋に話が拡がっている。

例えば、ブラウン大学のガウティ・エガートソンらは、世代重複モデルを使って、持続的な人口減少が長期不況を起こすメカニズムを説明している(Eggertsson and Mehrotra 2014)。世代重複モデルでは、ある世代に属する人は、働き盛りの時期に若い世代の人にお金を貸し、働けなくなった老年の時期にこれを返してもらって老後の生活に充てる。こうして各世代が、重なりあう形でお金を貸し借りして生活を営んでいく。この枠組みで人口が持続的に減少していくと、お金の借り手の世代の人数が、貸し手の世代の人数より常に少なくなってゆき、貸したいお金(貯蓄)が借りたいお金より相対的に多くなっていくため、均衡実質利子率が恒常的にマイナスになる、という現象が説明できる。エガートソンらは、こうした人口減少による実質金利低下への政策対応として、高いインフレ目標を挙げる。もし、人々が高いインフレ目標を信じ、インフレ率が高くなれば、マイナスの実質利子率を実現する余地が生まれるからだ。しかし、この場合のインフレ目標は十分に高くなければまったく効果がない、とし、現在の先進国の多くが目指している二%程度から大幅に上げる必要がある可能性を示唆している。クルーグマンも先進国が「臆病の罠(中央銀行が二%程度の中庸なインフレ目標にこだわる結果、長期停滞から抜け出せない状況)」に陥っているのでは、と懸念している(例えば、ニューヨークタイムズ電子版二〇一四年三月二〇日のコラム)。ただ、仮に、エガートソン、クルーグマンらによる高いイン

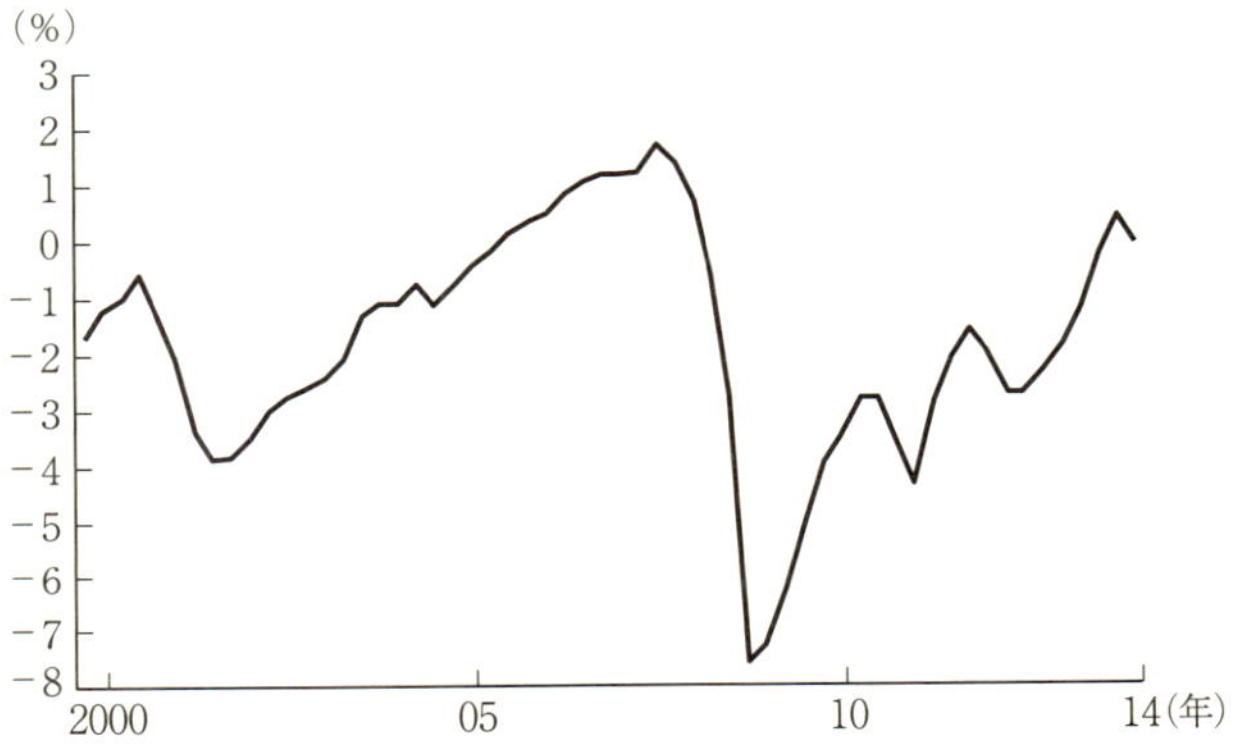

注：日本銀行調査統計局による推計値．具体的な計測方法については，日銀レビュー「GDP ギャップと潜在成長率の新推計」(2006 年 5 月)を参照．
出典：黒田東彦「最近の金融経済情勢と金融政策運営」2014 年 11 月 25 日挨拶

図 3–5　日本の GDP ギャップの推移

フレ率を目指す金融政策という処方箋が適切だったとしても(その点については、総需要刺激を重視するグループにもコンセンサスはまだない)、それを実現するためには、人々が高いインフレ率こそ望ましい事態だ、と受け止める必要がある。その条件が整っている先進国は、現状ではほとんどないだろう。

恒久的需要不足論は日本に当てはまるか

ちなみにサマーズやエガートソンらは講演や論文の中で日本の事例に触れている。その際、先進国経済の実質自然利子率(均衡実質金利)が大きなマイナスである、という現象が日本で起きていることを当然の前提としている。確かに、需要不足型の長期停滞論は、日本についても説得力がありそうに見える。

しかし、仮に、そうならば、日本も米国の労働市場が示唆するような大きな「構造的需要不足」を抱えていなければならない。ところが、国際通貨基金、内閣府、日銀いずれの推計をみても、需要不足の代表的尺度であるGDPギャップ(需要超過が拡大するとプラスが大きくなり、需要不足が拡大するとマイナスが大きくなる。ただし、必ずしもゼロが完全雇用と厳密に対応しているわけではない)は極めて小さい(**図3–5**)。

日本における需要刺激は成長戦略になるか

これに対して、日本では需要の伸びが不足してきたために、本来の潜在成長率の伸びが実現していないのではないか、というのが前述したハウスマンとウィーランドの主張である。

彼らは、国際通貨基金などによる日本経済のGDPギャップの推計値が極めて小さいことに言及した後、以下のように述べる。需要不足期における設備投資不足や労働市場における早期退職、長期失業者の増加といった現象の後遺症として足元の潜在産出量が低下しているのかもしれない。そうだとすれば、好況期が長く続けば、これらの効果を反転させることができるかもしれない。需要の大きな増加が自然失業率を低下させることを示した研究もあり、それは潜在産出量の上昇を意味するはずである。国際通貨基金などがGDPギャップを算出するのに用いている潜在産出量の尺度は、現在の生産能力を前提としている。しかし、長期的な総需要拡張政策の評価にあたっては、完全雇用の状態がしばらく続いたあと潜在産出量がどうなるかをみるべきだ、とする。

そして、彼らは、日本の成長率が数年間にわたって高水準を維持すれば、潜在産出量も増加するのではないか、と推測し、もし、この推測に首をかしげるのであれば、日本の小さなGDPギャップ推計値に違和感をもたないだろう、と述べる。そうであれば、金融政策に物価上昇効果以外に期待できるものはほとんどない。おそらく、日本の政策当局者は、われわれ同様にそうは考えていないはずだ。そうでなければ、なぜ彼らが金融政策のレジーム・チェンジを目指したのか、はっきりしなくなる、とする。

このように、ハウスマンとウィーランドは、インフレが起こること自体に意味があるわけではない、とする。だから、日本の政策当局者は、それが潜在成長率をあげることになる可能性に賭けている筈だ、という議論は、アベノミクスの第一の矢と第二の矢は成長戦略の起爆剤として機能しなければ意味がない、と指摘している点で興味深い。

彼らは、めざすことのできる潜在成長率のトレンドの推計値をいくつか示している。もちろん、こうした推計には、大きな誤差を伴うので、彼らは三つの代替的結果を示している。いずれもかなり思い切った前提に立つ推計だが、潜在成長率の伸びを織込んだ二〇一三年におけるGDPギャップは四・五％から一〇％という非常に大きなものになっている。

彼らが推測するように、日銀も潜在成長率の上昇を見込んでいる。量的・質的緩和のもとで内需が底堅く成長し、円安下で輸出が増加に向かうことにより、生産が増える。それが能力増強投資を誘発し、〇％台半ばまで低下している潜在成長率のトレンドが上昇し、安定的な目標インフレ率のもとで実質輸出・生産が一段と増加する、というのが日銀の期待するシナリオでもある。したがって、今後のマクロ経済政策を考える上でもっとも重要な点は、アベノミクスの総需要刺激型の政策は本当にハウスマンとウィーランドや日銀が想定するような「成長戦略」になるか、という点になる。

日本の労働市場の現状

そう考えた場合の大きな問題は、日本経済と米国経済の労働市場の大きな違いである。日本の場合は日本の労働市場を支えてきた団塊の世代の勤労者が定年退職する時期を迎えたことで、働き手の減少が急速に進んでいる局面にあり、構造的失業増加どころか、総需要の比較的小さな拡大で人手不足が顕在化するようになってきている（**図3－6**）。

この点をもう少し具体的に見てみよう。**表3－1**は、二〇一三年一〇月時点の年齢別人口を抜粋したものである。

下段の方は退職期前後の高齢層人口の抜粋である。第二次大戦直後に生まれたいわゆる「団塊の世代」（一九四七—四九年生まれ）は、二〇〇五年時点では六四—六六歳に到達し、いずれも二〇〇万人を超えている。六六歳人口は、六七歳人口よりも六〇％も多い。そして、団塊の世代のあとも数年間はベビーブームの余波が続いたのがわかる。

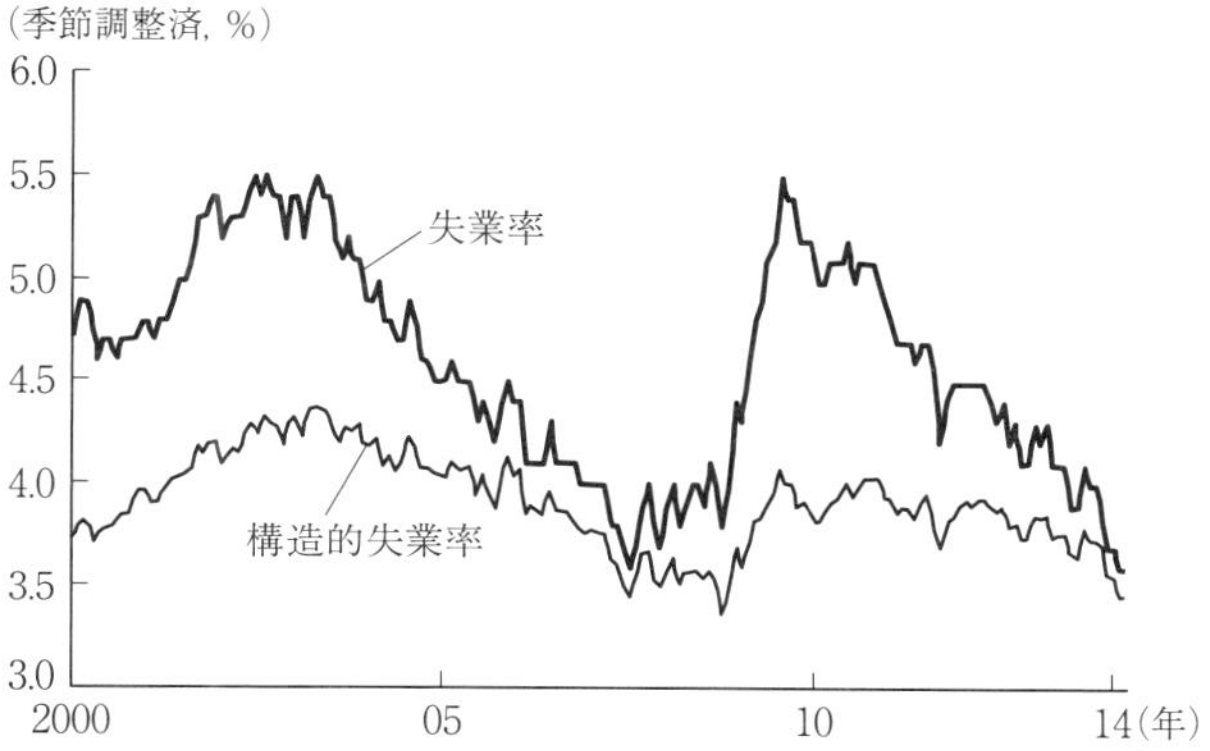

注：構造的失業率は，失業率と欠員率の関係を表す曲線を推計したうえで，両者が等しくなるような失業率として定義．こうして求められた構造的失業率(日本銀行調査統計局による推計値)は，摩擦的失業や労働需給のミスマッチによる失業等を捉えていると考えられる．
資料：総務省
出典：黒田東彦「デフレ脱却に向けて」2014年5月15日講演

図 3-6　失業率と構造的失業率推移

表3-1　2013年10月1日現在の年齢別総人口表（抜粋）

（単位：千人）

年齢	合計	男性	女性
12	1,166	597	568
13	1,177	604	573
14	1,179	604	576
15	1,198	613	585
16	1,193	610	583
17	1,186	608	578
…	…	…	…
60	1,700	838	862
61	1,793	882	911
62	1,900	932	967
63	2,042	999	1,042
64	2,231	1,089	1,143
65	2,210	1,074	1,136
66	2,096	1,017	1,079
67	1,306	628	678

出典：総務省「人口推計」

これに対し上段は、これから労働市場に入ってくるとみられる一二―一七歳の人口構成であり、毎年一二〇万人弱にとどまる。団塊の世代以降の大量退職人口に比べるとこれらの人たちの人口は、毎年、四〇％ほど少ない。このため、団塊の世代以降のベビーブーム世代の大量退職は労働市場をタイト化させる。

むろん、労働にはいろいろな種類があり、労働者は、義務教育を終えた生徒が学校を卒業するようなかたちで機械的に離職するわけではない。とはいえ、上記の人口動態に照らし、「団塊の世代が六〇歳に到達する二〇〇七年以降、定年退職者が大量に発生し、労働市場が急激にタイト化するのではないか」（いわゆる「二〇〇七年問題」）、と懸念されたのは当然だったろう。

しかし、二〇〇七年時点以降の退職者数は事前の予想を下回り続けた。その背景の一つとして、企業の雇用制度が、年金の本格支給開始時期の繰り下げをにらんで、六五歳到達までの労働者の生活維持を念頭において再設計されたことが挙げられる。他方、リーマンショック以降、急激な景気下降に見舞われたことから、むしろ人員整理の必要性が意識されるような状況が続き、人手不足感は顕在化しなかった。

だが、この間も「団塊の世代」が六五歳に到達する二〇一二年以降に退職者の大量発生が始まる可能性があるのでは(いわゆる「二〇一二年問題」)、という懸念はくすぶり続けてきた(インターネットで検索すると、例えば、千野(二〇一〇)、斎藤(二〇一二)などに行き当たる)。二〇一二年はちょうどアベノミクスの起点となった年である。労働市場では、実際、この頃を境に急速に人手不足感が台頭し始めた。

長期的な展望はどうだろうか。次章でもみるように、労働力不足を緩和するために、女性と高齢者の活用に活路を見出すべき、という議論が一般的である。一例をあげると、河田・永沼(二〇一〇)は、女性の就業意欲は若い世代ほど高いことに着目し、労働環境を整備することで女性全体の労働力率(働きたいと希望する人の割合)を中長期的に上昇方向へと転換することの必要性を論じている。「元気な高齢者の活用」を主張する議論も多い。ただ、早川(二〇一四)は、一九九五年には三七%台だった六五歳以上男性の労働力率が、二〇一三年には二九%台へと八%ポイントも低下していることを指摘し、団塊の世代の多くは会社勤めから社会人生活を始めた人々であり、定年退職を契機として労働を止めてしまう傾向があるのでは、と推測している。そうだとすれば、どうすれば高齢者にもう少し働こう、という意識を持ってもらうことができるか、が問題になる。

しかし、人口動態をもう少し長い目で見ると、七五歳以上の超高齢者比率がさらに高まっていく。このことは介護の必要性を高めるから、労働環境の改善や就業意識の切り替え効果以上に女性や高齢者の離職を強く促し、労働力率を押し下げる可能性がある。その押し下げ圧力の強さによっては、労働力不足を緩和するための女性と高齢者の活用という議論は絵に描いた餅になりかねない。この点は、

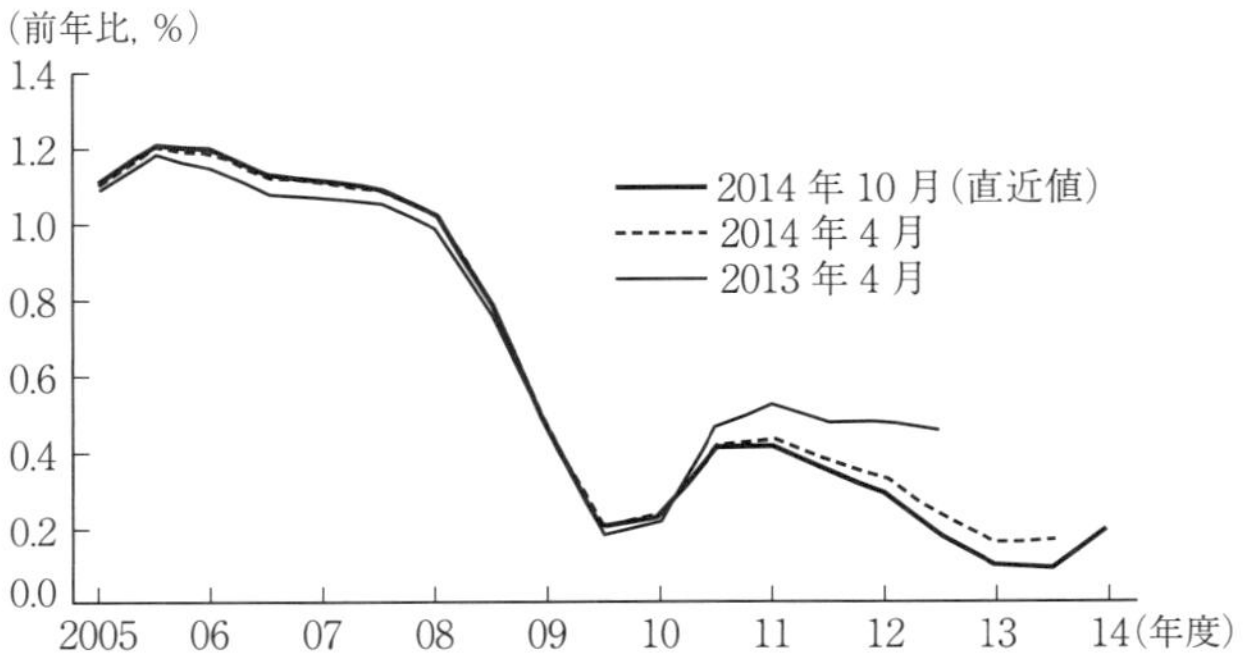

出典：白井さゆり「わが国経済・物価情勢と金融政策：中期見通しと金融緩和の拡大について」2014 年 11 月 26 日挨拶

図 3–7　潜在成長率(日本銀行の推計値)

次章で考えてみよう。

需要増加による潜在成長率押し上げシナリオに立ちはだかる壁

潜在成長率に話を戻そう。人口問題を念頭に置くと、ハウスマンとウィーランドの期待する潜在成長率押し上げシナリオには二つの問題がある。

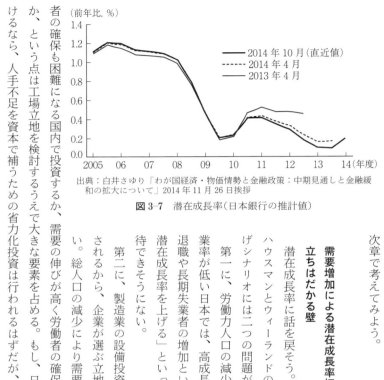

第一に、労働力人口の減少が急速に進行するもとで失業率が低い日本では、高成長が「労働市場における早期退職や長期失業者の増加といった現象の後遺症を解消し潜在成長率を上げる」といった米国型のメカニズムは期待できそうにない。

第二に、製造業の設備投資は将来需要を勘案して決定されるから、企業が選ぶ立地先は国内である必然性はない。総人口の減少により需要の先細りが予想され、労働者の確保も困難になる国内で投資するか、需要の伸びが高く労働者の確保が容易な海外の地域を選ぶか、という点は工場立地を検討するうえで大きな要素を占める。もし、日本の人口が急激な減少を続けるなら、人手不足を資本で補うための省力化投資は行われるはずだが、それが国内での生産能力を大きく伸ばす能力増強投資につながっていく理由を探すのはかなり難しい。

以上の点を踏まえると、日本のマクロ経済政策や成長戦略は、人口問題をより直視したものでなければならないことになるはずである。

この章の最後に、日銀による量的・質的緩和がこれまで潜在成長率にどのような影響を与えたか、日銀推計値の推移をみておこう(**図3-7**)。ハウスマンとウィーランドの期待する潜在成長率押し上げ効果は、少なくとも、これまでのところあまり観察されていない。

このことは、仮に彼らのロジックが部分的に正しかったとしても、それが実現するには、かなり長い時間――少なくとも数年単位の時間――がかかる、ということを意味するだろう。このことは中期的な日本経済像の中で需要主導による潜在成長率引き上げシナリオの妥当性を検証する必要があることを意味する。それが次章の課題である。

第四章　経済転換期における成長戦略と金融政策

1　潜在成長率への逆風としての人口問題

亀はなぜなかなか前に進まないのか？

米国旗のような服を着た騎手が、巨大な亀にまたがり、必死になって鞭をふるっている。何とか巨大な亀を前進させせようとして。このイラスト(**図4-1**)は、二〇一四年七月一九日のエコノミスト誌の表紙である。この表紙に何人もの一流のエコノミストが反応した。ノースウェスタン大学のロバート・ゴードンは、「長期停滞と低い経済成長に対する現在の懸念をこれほどうまくとらえているものは他にない」とした。二〇一四年八月に出された『長期停滞――事実、原因、そして処方箋』という論文集に収録されている彼の論文(Gordon 2014)の冒頭は、この画像の描写で始まっている。また、ジョン・テイラーの二〇一四年八月一日のブログにもこのイラストが転載されている。いうまでもなく、巨大な亀は米国経済であり先進国経済一般でもあるだろう。しかし、亀はなぜなかなか前に進まないのか？　先進国の社会と経済は歴史的な転換期を迎え、それが亀を足止めしているのではないか。

前章の後半では、恒常的な総需要不足を懸念するハンセン-サマーズ系の長期停滞論を見た。これ

図 4–1　『エコノミスト』2014 年 7 月 19 日号の表紙

に対し、もう一つの見方は、潜在成長率の伸び悩みによる長期停滞論である。ロバート・ゴードンやタイラー・コーエン(ジョージ・メイソン大学)などが、この系列の代表的論者に属する。

長期停滞についてのもう一つの見方

ゴードンは、先に紹介した論文で以下のように述べている。自分は、今後、二五年から四〇年にわたって低い成長率が続くであろうという論文を最近書いた。それと、ほぼ同時に、サマーズは、長期停滞について警鐘を鳴らした。しかし、サマーズと自分は米国の成長のジレンマの異なった側面について語っている。サマーズの分析は、需要サイドについてのものだ。「名目金利がゼロであることが慢性的かつシステミックに経済活動を阻害し、われわれの経済を潜在成長率以下に抑えているときに、どのように経済をマネージすべきか」という問題である。しかし、自分は、潜在成長率自体が将来低い値にとどまることを問題にしているのだ。

ゴードンは、こう述べたうえで、潜在成長率と実際の成長率のギャップはきわめて小さいとし、低成長の問題は潜在成長率と実際の成長率のギャップよりも、潜在成長率そのものの低さに由来している、と主張している。

成長率の低下を予測するゴードンの長期停滞論は、一般には「低い枝に生《な》っていた果実は取りつくされた」とするコーエンの議論(Cowen 2011)同様、技術進歩の停滞を懸念する側面を強調しているものとして理解されてきた。しかし、ゴードンは、彼の論文の中でその見方を否定し、彼の最近の予測では成長鈍化の源泉には技術進歩の停滞は含まれていない、としている。彼の予測では、技術進歩が過去四〇年間と同程度とみても、米国の一人当たり実質GDP成長率は一八九一年から二〇〇七年の超長期の期間に見られた二・〇%から、二〇〇七年から二〇三二年にかけての期間には〇・九%にまで低下するからだ。それでは、何が成長率を押し下げるのか。ゴードンが挙げている成長率低下の源泉は、人口動態、教育、不平等、政府債務という四つの逆風である。

この四つの懸念はいずれも日本に当てはまりうるが、米国に比べ、日本でとりわけ懸念されるのが人口問題と政府債務問題である。この章では、まず人口問題を、次章では政府債務問題を取り上げる。これらの領域は、中央銀行の政策を論ずる場合、与件とされがちであるが、日本経済が大きな転換点を迎えている中での金融政策を考えるうえでは、これらを与件と考えるのは適切でない。また、以下の二つの章では、人口問題や債務問題のインパクトを探るために主に「封筒裏の計算(A back-of-the-envelope estimate)」の類に属する簡易な数値例を用いる。今後起きうる問題のイメージをつかむには、さまざまな仮定が背後に潜み、そのためにメカニズムがブラックボックスになりがちな精緻なシミュレーションよりも、前提が明確で結果との関連が見通しやすいこの手法の方が有用と考えるからである。

出生率が人口置き換え水準を回復すれば人口減少は止まるか

日本の人口問題には、出生率の低下に伴う人口減少問題と高齢者の寿命延伸に伴う超高齢化の問題がある。人口問題の認識は全体的にまだ必ずしも十分ではないが、出生率低下問題の重要性については相対的に認識が進んでいるように見える。しかし、出生率の引き上げは極めて重要ではあるものの残念ながら「目先の成長戦略」にはならない。これに対し、高齢者の寿命が延びる中で健康寿命を延伸させるという課題は当面の成長戦略の核心部分になる。したがって、本書の議論の重心は後者にあるが、話を展開する都合上、以下では、出生率の問題から取り上げる。

二〇一四年現在、政府も人口減少問題にはそれなりの危機感を持っている。実際、二〇一四年六月に政府が閣議決定した「骨太方針」では人口減少が国の存立基盤を危うくするという認識のもとで、「五〇年後に一億人程度の安定した人口構造の保持を目指す」という目標を掲げている。その危機意識はきわめて妥当だが、五〇年後に一億人程度の安定した人口構造を保持する、という目標は一見する以上に極めて高いハードルである。出生率の上昇に時間がかかるうえに、出生率がいわゆる「人口置き換え水準」に回帰しても、その時点で人口減少が止まる、というものではないからだ。

人口置き換え水準出生率

「人口置き換え水準出生率」というのは、人口を同じ水準に維持するために必要な出生率を指す。これは二を少し上回る。二人の親から二人の子供が生まれれば出生率は二で、この二人が親になり二人の子を産み、……というプロセスが続くと人口は一定である。だが、生まれた子供の中には、残念ながら親になる前に亡くなってしまう子供が何%かはいるため、人口置き換え水準出生率は二を少し上回る。

これは、非常にわかりやすい概念であり、人口置き換え水準とよばれていることから、出生率がこの水準に回帰すれば、人口減少は止まるような錯覚を起こしがちだ。しかし、その認識は正しくない。これは、人口モメンタム(慣性)の存在による。日本が崩壊しないためには出生率を人口置き換え水準に戻す努力は不可欠だが、幸いそれが実現した場合にも、長期にわたって人口が減少を続けることを前提に社会の体制を考える必要がある。

国立社会保障・人口問題研究所(以下、人口問題研究所と略する)は、二〇一三年に公表した資料で日本の総人口は明治期以降年平均一%の率で増加の一途をたどった、と述べたうえで、しかし、今後は長期的な減少過程に入り、一〇〇年後の二一一〇年には四二八六万人と二〇一〇年の三分の一程度にまで縮小する可能性があることを指摘している。また、「わが国では今後二一世紀の大半を通して人口減が続くことは、非常に確度の高いことである」と断言し、その理由に人口モメンタムを挙げている。

人口モメンタム——「人口が八〇人の島」の仮想例

人口モメンタム(慣性)についての直感を得るために、日本の一〇〇万分の一程度の人口一〇〇人程度の小さな島が、日本のような出生率の変動を経験したら人口はどう変遷するのか、という寓話的検討からはじめよう。人口一〇〇人以下の島をインターネットで検索すると、日本にも結構たくさんある。ただ、日本の離島の場合、本土に移住したり、本土から人が来たり、という人口の社会移動が起こる。国家間でいえば移民である。ここで日本の縮図をイメージするには、社会増減がない「絶海の孤島」からスタートする必要がある。

ウィキペディアでは、ギネスブック認定の有人の絶海の孤島は、ポルトガルの探検家トリスタン・ダ・クーニャが発見した、英国領のトリスタンダクーニャ島だ、としている。この島は、アフリカ大陸のケープタウンから二八〇五キロメートル、南アメリカ大陸のリオデジャネイロからは三三五三キロメートル離れた大西洋のただ中にある、という。人が定住する最も近い陸地は、北に二四二九キロメートル離れたセントヘレナ島である。トリスタンダクーニャ島には約八〇家族が住み、定住人口は二六〇人程度。島民の家系をたどると、一八一六年から一九〇八年にかけてのさまざまな時期に島にやってきたわずか一五人の祖先(八人の男性と七人の女性)に行きつき、姓は七つしかない、という。ちなみに、この島が最も孤立した時期を迎えたのは、第一次世界大戦前後である。大戦中には、英海軍が年に一度行っていた物資の補給が途絶えた。一九一九年七月、軽巡洋艦が大戦終結のニュースをもたらしたが、それまでの一〇年間、島は一通の郵便物も受け取らなかったという(以上の記述はhttp://ja.wikipedia.org/wiki/トリスタンダクーニャによる)。

以下で人口動態を考える仮想の島はこのトリスタンダクーニャ島のような世界である。

トリスタン島年代記

人口動態の出発点として、子供世代二〇人、父母世代二〇人、祖父母世代四〇人がこの島に定住したところから始める。トリスタンダクーニャ島にちなんで仮に「トリスタン島」としよう。日本の平均寿命は二〇一三年で男性八〇歳強、女性八六歳強である。そこで、トリスタン島では人生八〇年とする。子供期間は二〇年、父母期間は二〇年(出産年齢は二〇歳から四〇歳まで)、祖父母期間は四〇年、とする。また、トリスタン島では、「子供」は必ず結婚して「親」になり、男の子と女の子は偏りなく生まれる、とする。

この場合、出生率が恒常的に二・〇なら、父母世代の母一〇人が二〇人の子供を産む、という循環がつづく。このとき、トリスタン人口は八〇人で安定する(静止人口)。その意味で、出生率二・〇はまさに人口置き換え水準である。

なお、トリスタンの人口ピラミッドは出生率が人口置き換え水準で安定している場合には、裾野の広い富士山型ではなく、霞が関ビルのような形状である。富士山型の人口ピラミッドは外見は美しい。しかし、生まれた子供たちが病気や事故で徐々に命を失うために富士山型になるのだから、好ましい形とは言えない。ここで採用することにしたビル型の形状は、生まれた子供たちが途中で命を失うことなく天寿を全うするという意味では理想的な姿ともいえる。

さて、絶海の孤島トリスタンが発見され、新天地を求めた十数組の家族が移住して村づくりを始めたところから人口動態を考える。とりあえず、最初の二世代(第一、二世代)四〇年間は、出生率二・〇で人口は八〇人で安定していたとする。

四〇年を経て島の基礎づくりが一段落した第三世代で、戦後の日本でベビーブームが起きたようにトリスタン島でもベビーブームが起き、出生率はいったん四・〇に上がった、としよう。しかし、小さな島でのベビーブームは飢餓をもたらしかねない。第二次大戦後の日本の「第一次ベビーブーム」も飢餓の発生が懸念された。戦災で生産力が低下し、厳しい食糧難・住宅難の日本に、外地からの引き揚げや軍人の復員等で多くの人が帰国し「団塊の世代」を生みだすベビーブームになったからである。一九四八年優生保護法が制定され、これによって人工中絶が合法化されたが、その翌年にこの法律の一部が改正され、経済的理由が追加されたことにより人工妊娠中絶の届け出数は激増し、一九五五年には一一七万件にのぼった。このため、一九五〇年以降、出生率は急速に低下に向かった。この間、中絶の激増を懸念した政府は、一九五二年に母体保護の観点から、中絶を減少させ避妊を普及させる「受胎調節実地指導員制度」を導入した(JICA国際協力総合研修所 二〇〇三、高木 二〇一二)。指導員は各家庭をこまめに回り、草の根的に受胎調節を指導し、こうした政策は「人口安定化」に大きく寄与した。

この当時の日本のように、トリスタンでも、ベビーブームで食糧不足による飢餓懸念が生じ、人口抑制をめざす方向に政策の舵を切った、としよう。このあとの出生率は、二・〇の人口置き換え水準(第四世代)を経由して、一・四まで下がり、その後も、この状態が続いた、としよう。

トリスタン島の「人口モメンタム」

表4-1は、このトリスタンの建国二〇〇年間の総人口の推移である。現在の日本に近いのは第六期から第七期にさしかかるあたりになる。日本の出生率は一九七四年以降、人口置き換え水準を下回り、その後もおおむね低下を続けてきたが、人口減少が生じ始めたのは、比較的最近の現象だからで

表 4-1　トリスタン島人口の 200 年：出生率が 1.4 にとどまるケース

期	出生率	子供の数 0-19 歳 (A)	父母の数 20-39 歳 (B)	祖父母の数		総人口 (T)	生産年齢人口比率 (B+C)/T (%)
				40-59 歳 (C)	60-80 歳以上(D)		
1	2.0	20	20	20	20	80	50
2	2.0	20	20	20	20	80	50
3	4.0	40	20	20	20	100	40
4	2.0	40	40	20	20	120	50
5	1.4	28	40	40	20	128	63
6	1.4	20	28	40	40	128	53
7	1.4	14	20	28	40	102	47
8	1.4	10	14	20	28	72	47
9	1.4	7	10	14	20	51	47
10	1.4	5	7	10	14	36	47

筆者作成

ある。トリスタンでは、第五期、第六期には出生率が下がり、少子化が進行している。しかし、総人口は、増加後、ほぼ横ばいにふみとどまっている。

この間、第四期、第五期は総人口に占める生産年齢人口比率(二〇―五九歳)が上昇する。いわゆる人口ボーナス期であり、一国の経済活動に右肩上がりの活力が感じられる時期である。現在の日本に近い第六期に入っても、総人口はまだ減少しない。これは親世代、ベビーブーム期の人数が多いことがプラスの人口モメンタムをもたらすからである。ただし、高齢化が進行し、生産年齢人口比率が低下するいわゆる人口オーナス期になっている。その後、生産年齢人口比率は横ばいになるが、総人口は減少を続ける。

この島で、人口減少に危機感を持った島民が、フランス政府やスウェーデン政府のように、島民意識の改革を含む社会改革や、保育所の整備などにより、出産・子育てを行うことにより前向きになれる社会

表 4-2　トリスタン島人口の 200 年：出生率が 2.0 に回復するケース

期	出生率	子供の数 0–19 歳 (A)	父母の数 20–39 歳 (B)	祖父母の数		総人口 (T)	生産年齢人口比率 (B+C)/T (%)
				40–59 歳 (C)	60–80 歳以上(D)		
1	2.0	20	20	20	20	80	50
2	2.0	20	20	20	20	80	50
3	4.0	40	20	20	20	100	40
4	2.0	40	40	20	20	120	50
5	1.4	28	40	40	20	128	63
6	1.4	20	28	40	40	128	53
7	2.0	20	20	28	40	108	44
8	2.0	20	20	20	28	88	45
9	2.0	20	20	20	20	80	50
10	2.0	20	20	20	20	80	50

筆者作成

づくりに取り組んだ結果、第七期以降に突然、出生率を二・〇の人口置き換え水準に戻すことに成功した、としたらどうなるか。

残念ながら、この極めて楽観的な想定でも、総人口は三世代・六〇年間、さらに減り続ける（**表 4-2**）。人口構成上、親世代が減少しているため、再生産される人数が少なく、高齢者の死亡を埋め合わせきれない形で強いマイナスの人口モメンタムが働くからである。子供の割合が増えるため、生産年齢人口比率も急には高まらない。しかし、静止人口状態に到達した第九期以降は生産年齢人口比率はかつての定常的水準にまで回復する。

2　日本の人口問題

日本の人口モメンタム

人口問題研究所は、日本では、一九七五年から出生率が人口置き換え水準を下回っていたのに、最近

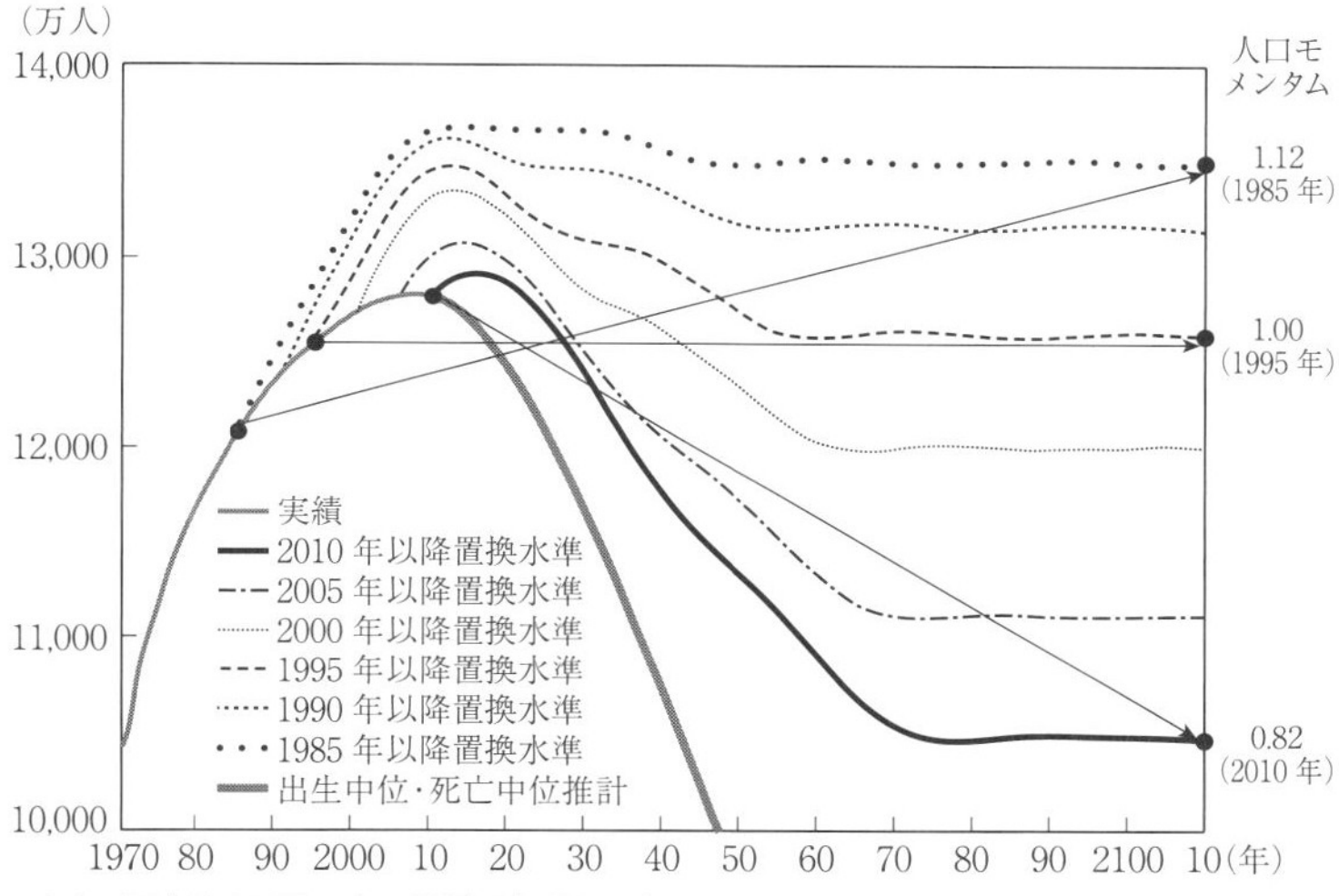

出典：国立社会保障・人口問題研究所(2013)

図 4-2　出生率が人口置き換え水準となった場合の人口見通し

まで人口増加が続いていたのは、プラスの人口モメンタムが働いていたことによるものである、としている。

しかし、四〇年も以前から出生率が人口置き換え水準を下回っていたことは、今後は、逆に強いマイナスの慣性として働く。長期にわたって低出生率が続いた結果、若い世代ほど人口規模が縮小しており、今後、一人ひとりの出生数が急速に回復しても、全体としての出生数が増えない状態になっている。トリスタン島の数値例が示すように、減少モメンタムを持つ社会は、出生率が仮にただちに人口置き換え水準まで回復したとしても、その規模は必然的に大きく縮小する。人口問題研究所が二一世紀の大半を通して日本ではげしい人口減少が続くことは非常に確度の高いことであると断言できた理由はこの点にある。

図４‐２は人口問題研究所のシミュレーション結果であり、一九八五年以降の各時点で出生率が人口置き換え水準に突然戻り、その後、それを維持した場合にどうなるか、の試算結果を実績出生率が持続する状況と対比している。これによると、もし、今から約五年前の二〇一〇年に出生率が人口置き換え水準に復帰していたとしても二〇七〇年代頃まで人口減少が続いていくことになる。そして、この時点でようやく人口減少が止まり、安定化する。それでも、当初人口の約八割（八二％）にまで縮小することは避けられない。現実には、二〇一〇年以降も出生率は人口置き換え水準を大きく下回り続けており、短期間で人口置き換え水準である二程度に回復する展望にはない。

このように人口置き換え水準出生率を達成することは、その時点でただちに、人口減少に歯止めがかかることを意味するものではない。しかし、この水準を達成しなければ、日本の人口減少は際限なく進行する。図４‐２の急下降する放物線状の軌跡はこのことを示している。

さらに長期の姿──「子ども人口時計」による思考実験

ちなみに、現在の出生率のまま行くと日本人が消滅するのはどのくらい先なのか。その答えは、東北大学大学院・経済学研究科の吉田研究室が中心となって開発している「子ども人口時計」を覗いてみるとわかる（http://mega.econ.tohoku.ac.jp/Children/）。「子ども人口時計」では、日本の子ども（〇歳から一四歳の人）の数が一人になるまでの残された時間（あと□日□時間□分□秒）などが表示されている。総務省統計局の発表によると、二〇一三年四月一日と翌二〇一四年四月一日との比較では、子どもの減少数は一五万八〇〇〇人である。これを用いて、一年間の子ども人口の変化率を求め、このままの変化率が続いたらどうなるであろうかという仮定の下に、一秒毎・一人単位で現時点の子ども人口推計値が表示されている。そして二〇一四年一一月現在の画面の下段では、三七三七年の一二月一七日には日本の子どもが一人になり、その最後の少年あるいは少女が一五歳になると、日本の子どもはゼロになる、としている。

移民政策の有効性

このように、日本の人口状況は危機的なものである。しかし、野口悠紀雄氏は、政府が「日本再興戦略」で出生率向上によって人口を一億人に維持する目標を掲げていることを強く批判している。その理由として、第一に出生率が労働問題に影響を与えるほど短期間のうちに顕著に上昇するはずがないこと、第二に、仮に出生率が上がったとしても、日本が直面する問題には間に合わないこと、を挙げている。したがって、「出生率を高める」という政策は、「何かをやっている」という言い訳の材料を作るためのものであって、直面する問題に対する有効な対策ではない、とし、移民政策の必要性を強調している(二〇一四年一〇月二三日付ダイヤモンド・オンライン)。

ここで、野口氏の指摘している移民の是非は重要な論点であり、近年、ようやくこの論点にも関心が向き始めている。しかし、大規模な移民受け入れには多くの課題がある。その根幹にあるのは、当たり前のことだが、移民は無色透明の存在ではなく、日本に来るまでは、日本とは異なる文化的・社会的環境で過ごしてきた自分たちの色彩をもった人たちだ、という点にある。

世界全体を見渡すと、アフリカの人口は爆発的な増加を続けており、この地域の成長と需要増加は

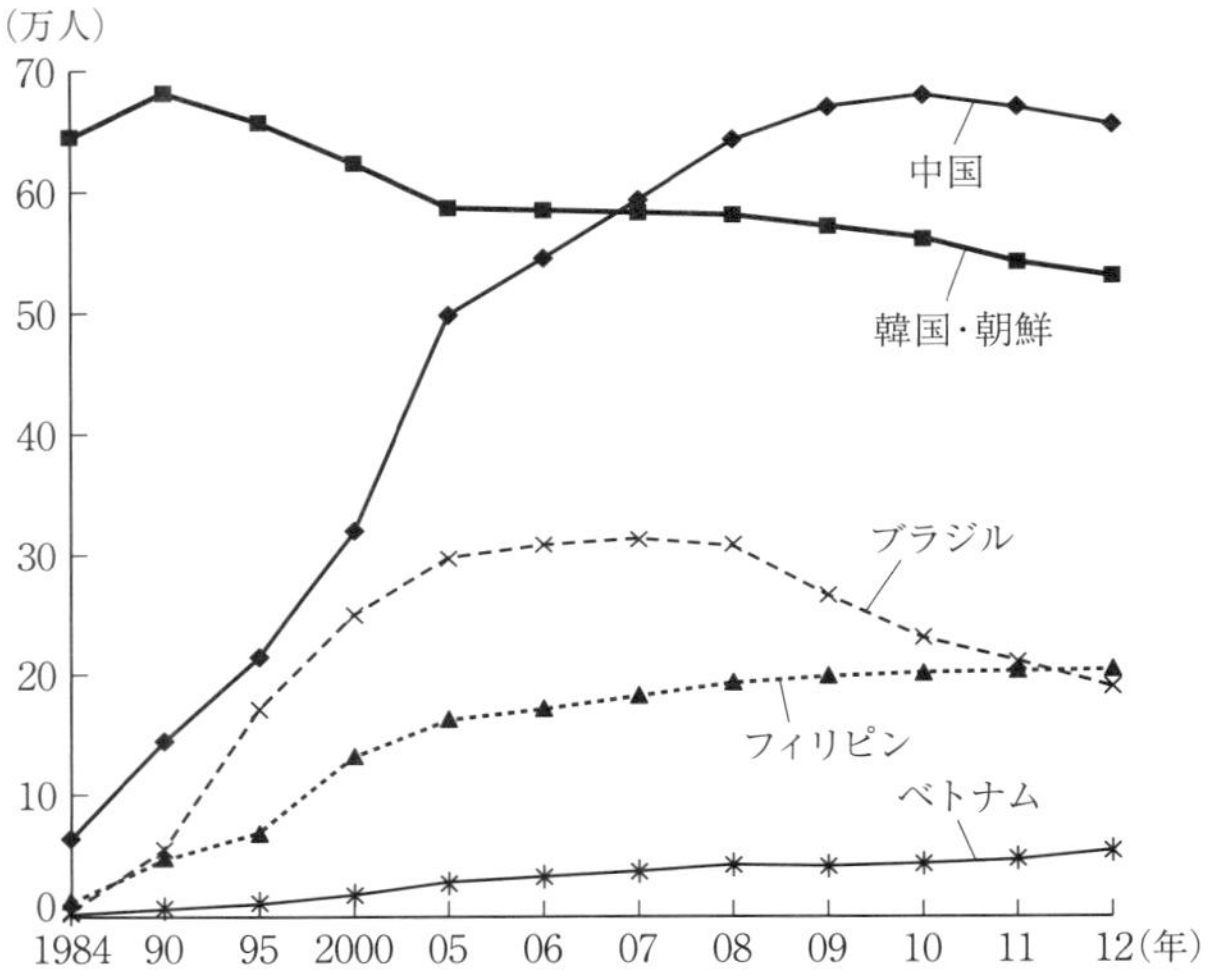

注 1：2011 年までは外国人登録者数のうち中長期在留者に該当し得る在留資格及び特別永住者の数．2012 年は中長期在留者に特別永住者を加えた在留外国人の数である．
注 2：2011 年までの「中国」は台湾を含んだ数であり，2012 年の「中国」は台湾のうち，既に国籍・地域欄に「台湾」の記載のある在留カード及び特別永住者証明書の交付を受けた人を除いた数である．
出典：法務省　平成 25 年版「出入国管理白書」

図 4–3　国籍別・地域別外国人居留者の推移

多くの国の経済界の目を引き始めている。しかし、日本とアフリカとの地理的・文化的な距離は大きく、アフリカと日本との人的交流はこれまで非常に限られている。他方、相対的に日本になじみがあるアジアでは、多くの国で急速に人口減少局面に向かいつつある。人口ピラミッドが富士山に近い形を概ね維持しているのはフィリピン、インドなどごく一部であり、アジア全体でみて移民を出す余力のある国は限られてきている。

そうした点を踏まえて、近年の在留外国人の状況を、二〇一三年版の出入国管理白書で見ると、日本に在留する外国人はこのところ頭打ちだが、二〇一〇年ごろまでは緩やかに増加している。その圧倒的な原動力は、中国出身者であり、その他地域では、フィリピン、ベトナム出身者がかろうじてごく緩やかに増加しているにとどまり、アフリカ出身者はほとんどいない、とみられる(**図4―3**)。

強い人口減少モメンタムを緩和するほどの大量の移民を受け入れる場合、当然、受入国は、移民を送り出す国の社会的・文化的・政治的影響を強く受けることになる。その点も踏まえて、どの国からどの程度まで移民を受け入れることが可能なのか、ということも早急に検討しておく必要があるだろう。移民問題についてはこれ以上立ち入らないが、今後、移民受け入れは、より困難になることを踏まえて、早期に議論を尽くし、その議論をふまえて早急に必要な体制を整えていくことが望ましい。

出生率回復の必要性

人口の自然増減を規定する出生率回復問題に話を戻そう。野口氏が挙げている第一、第二の論点は上記の数値例でも容易に確認できるように、いずれも極めてもっともであり、出生率を上げるのは簡単でもなければ日本再生の即効薬でもない。しかし、子ども人口時計の例は、いまの出生率が続くと、三八世紀には日本人は地上から消滅することを改めて示している。やはり日本の社会・経済にとって早急に取り組むべき問題と考えるべきである。

前述のように、第二次大戦後、日本政府は政策的に出生率を強く抑え込む政策を採ってきた。かつての判断はそれなりに合理性があったと考えられるが、現時点では人口減少を食い止めるために出生率上昇の方向へ大きく舵をきることは日本政府の当然の義務だろう。

人口減少の影響は、すでに、限界集落の多発というかたちで地域社会を直撃し、崩壊が始まりかけている。増田寛也氏らの研究(増田編 二〇一四)は、東京オリンピックを機に更に過密と集中が予想される首都圏と、若年女性が消え「限界自治体」化が予想される地方を対比する、という視点でこの問題を取り上げ、大きな反響を呼んだ。しかし、地方問題の先鋭化は日本の人口減少問題の序章に過ぎない。人口置き換え水準出生率が達成できても、今後数十年間は人口減少と高齢化が避けられないことを覚悟する必要があるが、同時に、日本の国と社会の安定した将来像を描くためには、出生率の回復にむけての取り組みはやはり喫緊の課題である。

「選択する未来」委員会の議論

先にふれたように、二〇一四年六月に政府が閣議決定した「骨太方針」では「五〇年後に一億人程度の安定した人口構造の保持を目指す」ことが目標として盛り込まれている。その素材を提供したのは、経済財政諮問会議の下にある「選択する未来」委員会である。

委員会は二〇一四年五月に中間整理をまとめている。そこでは、

・現状のまま何もしない場合には、極めて厳しく困難な未来が待ち受けている。
・制度、政策、人々の意識が速やかに変わるならば、未来は変えることができる。

とした。そのうえで、参考図表では、現状が続けば、二〇六〇年には人口が約八七〇〇万人と現在の三分の二の規模まで減少するが、二〇三〇年までに合計特殊出生率が二・〇七に回復する場合、五〇年後に一億人程度、さらにその一世代後には微増に転じることを指摘している。その結果、生産年齢

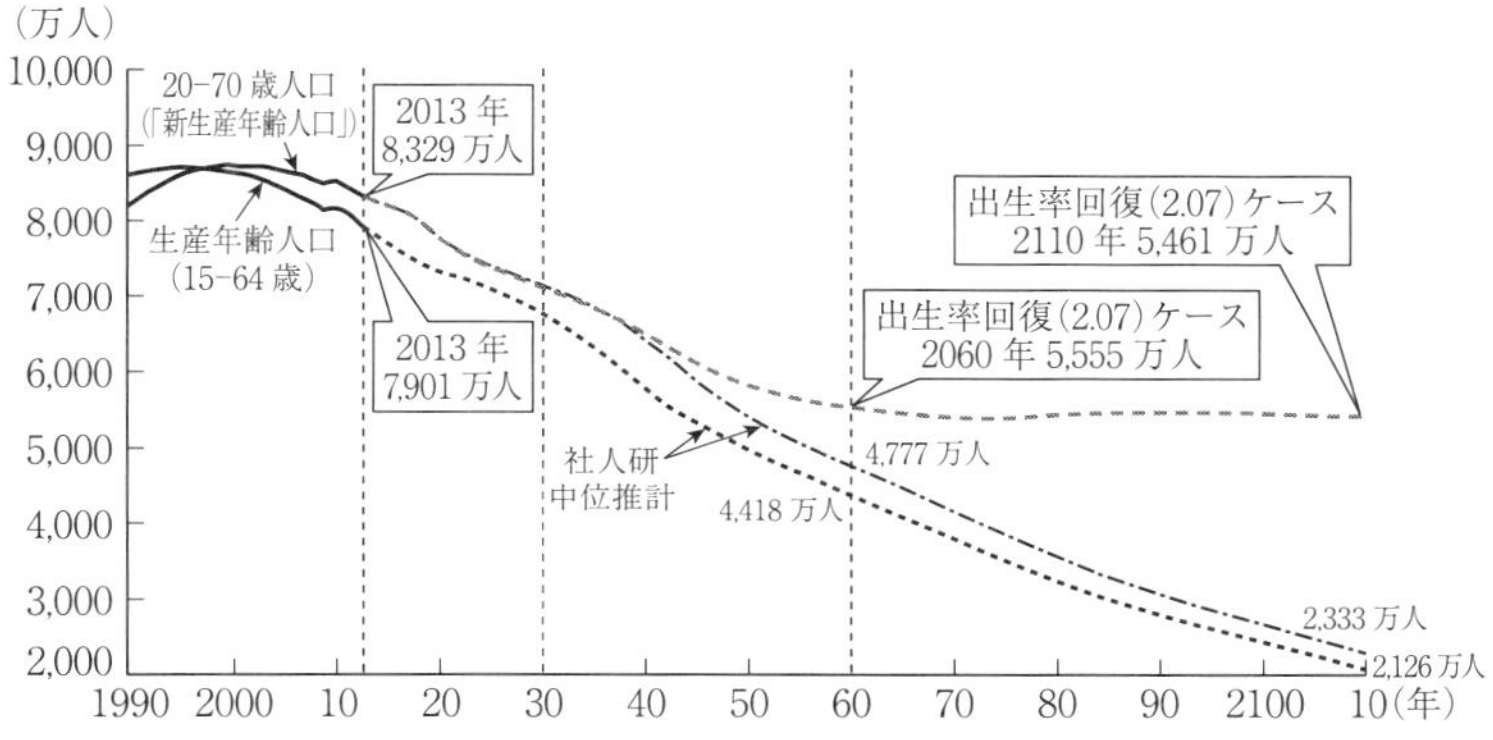

備考：1. 1990 年から 2013 年までの実績は，総務省「国勢調査報告」「人口推計年報」，厚生労働省「人口動態統計」をもとに作成.

2. 社人研中位推計は，国立社会保障・人口問題研究所「日本の将来推計人口(平成 24 年 1 月推計)」をもとに作成. 合計特殊出生率は，2014 年まで概ね 1.39 で推移し，その後，2024 年までに 1.33 に低下し，その後概ね 1.35 で推移.

3. 出生率回復ケースは，2013 年の男女年齢別人口を基準人口とし，2030 年に合計特殊出生率が 2.07 まで上昇し，それ以降同水準が維持され，生残率は 2013 年以降社人研中位推計の仮定値(2060 年までに平均寿命が男性 84.19 年，女性 90.93 年に上昇)を基に推計.

出典：「選択する未来」委員会資料(2014 年 5 月)

図 4-4　「選択する未来」委員会の目標とする出生率と生産年齢人口

人口は、二〇六〇年以降もほぼ五五〇〇万人程度を維持できる、というのが「選択する未来」委員会のシナリオである(**図 4-4**)。

なお二〇一四年一一月一四日、同委員会は最終報告書を公表した。この報告書は、翌日、「人口減放置ならマイナス〇・一％成長に」といった見出しで、新聞各紙に報道された。しかし、例えば、日本経済新聞朝刊の報道は二段組一五〇字程度にとどまり、同じ紙面で衆議院選を扱った記事の一〇分の一程度の小さな扱いにすぎなかった。この対比は、長期的な人口問題に対する社会的関心がまだきわめて弱いことをうかがわせる。

日本における予想出生率の変遷

出生率を二・〇七まで引き上げれば長期的には人口問題が和らぐ。したがって、これに大きな力を傾注することは重要である。しかし、逆に、この目標の達成を前提に日本の将来像を描くことのリスクは極めて大きい。出生率の低下は、高度成長期からバブル崩壊後まで――あるいはインフレ率が高い時にもマイルドなデフレ期にも――日本の社会経済のいわば通奏低音として持続的に進行してきた現象である。だが、日本社会は、この出生率の低下現象をきわめて長期にわたって「一時的な現象」と位置づけて軽視してきた苦い判断ミスを経験している。

図4-5は、日本における出生率の公式予測である国立社会保障・人口問題研究所の将来人口推計による一九六四年以降の現実の出生率と予想出生率の推移を示している。この推計は、五年おきに改定され、その数字は公的年金等の設計など主要な政策の基礎データとなっている。

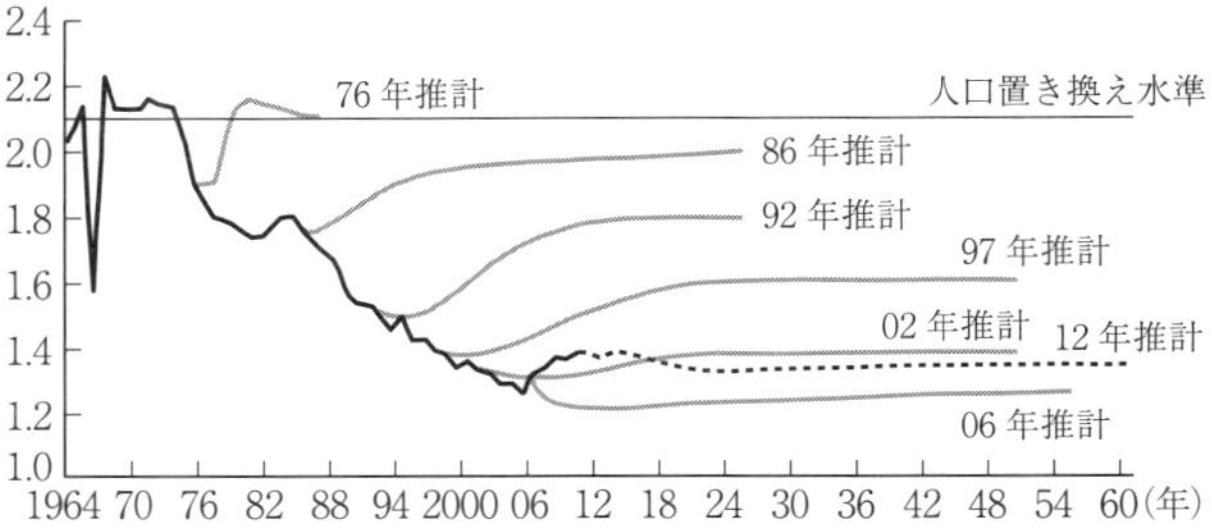

出典：白川方明「人口動態の変化とマクロ経済パフォーマンス」2012 年 5 月 30 日挨拶

図 4–5　実際の出生率と出生率予測値の変遷

この図をみると、エズラ・ヴォーゲルが日本社会の優れた側面に光を当てた『ジャパン・アズ・ナンバーワン』を出版した三年前の一九七六年推計時点では、日本の出生率は人口置き換え水準を割り込んでしまっている。そして、そのあとも出生率は、急速な低下を続けた。

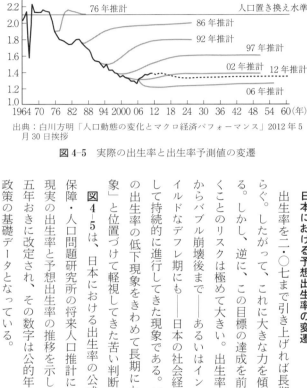

だが、出生率は長期的には二に復帰していくという予測は維持され続けた。

ケインズの警鐘

第二章で人口問題を捉えることのむずかしさを「アハ！体験」に関連付けて論じたが、こうした長期的変化を的確に認識することが困難なのは日本人に限ったことではない。ケインズが一九三〇年代に書いた評論の中には、人口問題を取り上げたものがあり、その評論の冒頭で、ケインズは、未来に関する人々の想像力について、こう述べている。

よく知られているように、未来は決して過去に似ているものではない。しかしながら一般的に言って、われわれの想像力や知識はあまりに貧弱なので、どのような変化が起きるのかを、それによって知ることはできない。われわれには未来がどうなるのかは分からない。にもかかわらず、われわれは生きて動く存在として、常に行動することを強いられている。心の平和と安寧を保つためには、われわれが将来をほとんど予見できないということを、われわれ自身で隠す必要がある。それゆえに、われわれは、何らかの仮説によって導かれることを必要としている。

このような理由から、われわれには、不完全な知識の代わりに、より確かな慣習を用いる傾向があるが、その慣習は、「未来は過去に類似する」というまったくありそうにもない仮定にもとづいており、これが、われわれの実践的な行動をも規定している(Keynes(1937)。本書の引用は松川周二氏の邦訳書による)。

そして、未来は過去に類似する、と考えてしまう具体例としてケインズが指摘するのは人口問題なのである。

われわれが未来について現実にかなりの程度、予想する力をもちうる場合の最も顕著な例は、人口趨勢の予測である。われわれは、それについて、未来に関わる社会的あるいは経済的事項の他のどれよりも、間違いなく多くを知っている。すなわち、これまで数十年にわたって経験してきたような着実でかつ急速な人口増加に代わって、われわれは短期間で、人口停滞あるいは人口減少に直面するだろう、ということである。減少率については不確定であるが、これまでに比べて、この転換が相当なものであることは間違いない。長く一定のタイムラグを伴うが、それが将来の人口動態に及ぼす効果について、われわれは異例なほどの知識を有している。それにもかかわらず、「未来は現在と異なる」という考え方は、思考や行動のわれわれの慣習的な様式とは両立しないため、われわれは、それにもとづいて実際に行動するのに強い抵抗を感じることになる(同上)。

ここでケインズが問題にしていた当時の英国は、急速な人口増加から人口停滞期への転換点にあたり、その洞察は日本の人口問題にもあてはまる。未来が現在と大きく異なる姿にならざるを得ない低出生率の恒常化を想定することは困難だったし、その結果として生じる超高齢化の帰結を先取りして行動することへの抵抗はやはり極めて強いように見える。

日本で出生率が回復するとしても人口置き換え水準には戻らないだろう、との現実的な予測がようやく出されたのは、最初に出生率が人口置き換え水準を下回ってから実に一六年後の一九九二年の推計からである。ちなみに、一九九二年はバブル崩壊初期であり、まだバブルの余韻が残っていた時代だった。

しかし、その後、歴代政権は次第にバブル崩壊への対応に忙殺されはじめる。人口推計における出生率の非現実的な回復想定が見られなくなるのは人口置き換え水準復帰予測を放棄した後、さらに一四年後の二〇〇六年推計からであり、人口置き換え水準を実際に割り込んでからは実に三〇年後のことである。この間に出生率低下問題は、労働力人口の低下問題、地域社会崩壊問題へと次第に進展してきた。

3　超高齢化と潜在成長率

成長会計と労働力人口の減少

以上の長期的人口問題を踏まえて、潜在成長率と成長戦略について中期的視点から考えたい。人口問題は、労働力人口比率の減少と高齢者比率の増加、という密接に関連した問題をはらむ。この二つは、コインの裏表に見えるが少し異なった側面を持つ。

まず、最初に、労働力人口問題から日本の潜在成長率について考えよう。

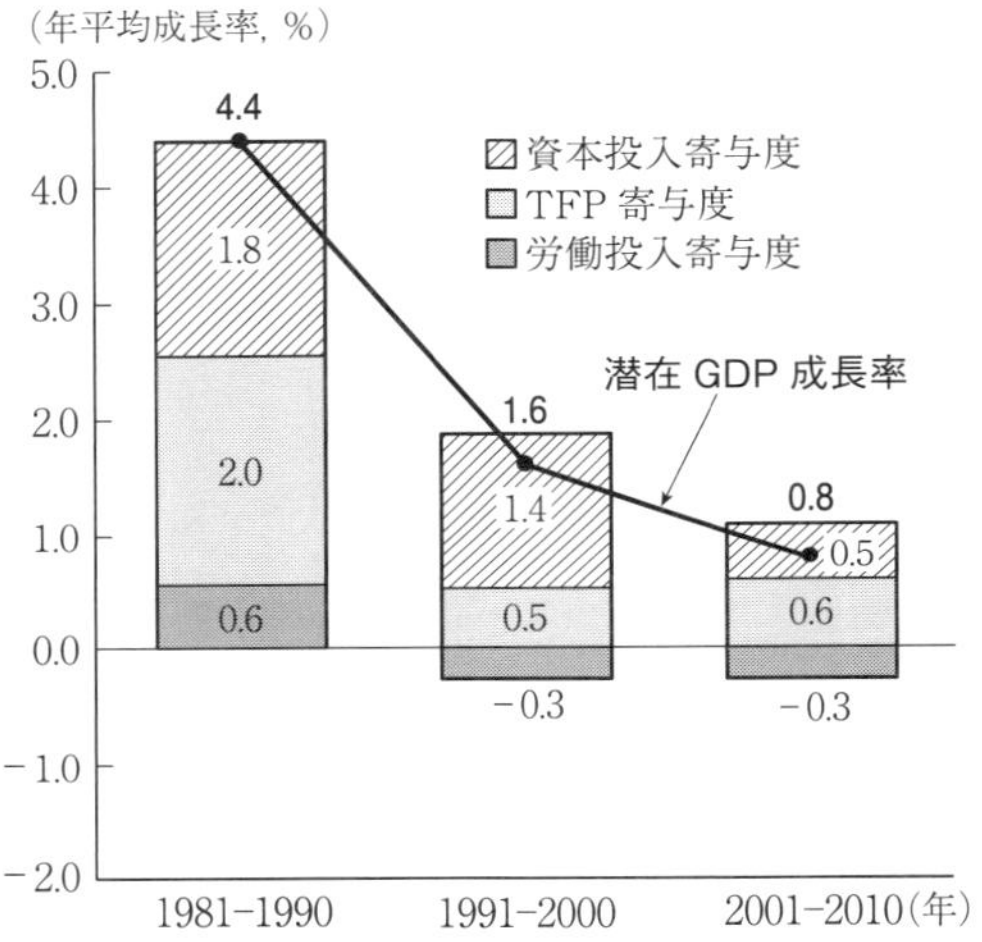

出典:「選択する未来」委員会資料(2014 年 5 月)

図 4-6　過去 30 年間の潜在成長率の要因分解

人口問題は重要だ。しかし、労働力人口が減少するからと言って、潜在成長率については、悲観しなくてよい、という見方がある。過去の成長率や潜在成長率を要因分解してみると、労働投入の寄与度は相対的に小さく、資本投入や生産性の寄与度の方がはるかに大きい、というのがその理由である。「選択する未来」委員会でも吉川洋委員がこの点に注意を促しており、委員会の中間整理にもこの点を示唆する図が添付されている(**図 4-6**。図のTFPは全要素生産性)。これは、過去の事実に基づく勇気づけられる洞察である。

しかし、一つの問題は、これが労働投入の減少こそ始まっていたものの、本格的な人口減少が発生する以前の局面における観察事実だ、という点である。第三章でも述べたように、設備投資は、将来需要を勘案して決定される。その場合、国内需要が伸びると思えば、積極的に国内投資が行われ、生産性が高まるだろう。しかし、総人口が減少し、需要の先細りが予想され、労働者の確保も困難になる日本国内で積極的な投資を行うには、人口増加局面とは異なる強い動機付けが必要になる。その部分が欠落したまま、人口減少下でも生産性の増加で成長を続けられる、という側面だけを強調するのはリスクが大きい。この点については、(筆者もあるところまでは同意できる)吉川氏からの有力な反論が予想される。このほか、円安により生産性が低い分野から製造業へ労働力が移動することで日本全体の生産性が高まることに期待する議論もある。こちらについては、筆者は懐疑的である。これらの論点については、超高齢化との関連で後述する。

もう一つ、子ども人口時計の例から容易に直感できることは、生産性の上昇では、どこかで人口減少問題を相殺できなくなる、ということである。現在の出生率が続けば、子供が減り、労働者も減る。最後の子供が成長しやがて最後の労働者になったときにも、生産性上昇のおかげで、就業者数が六〇〇〇万人を超えている現在よりも成長を続けている、という日本経済はありえない。したがって、仮に生産性を高める成長戦略が短期的・中期的に有効であっても、長期的には、出生率を高める長期の成長戦略は不可欠である。それを踏まえたうえで、当面は与件である人口減少のなかで、どうすれば生産性を高められるか、ということについての中期的シナリオ――成長戦略を立てる必要がある。

超高齢化という短・中期的問題

日本の人口構成上のもう一つの側面は、人口高齢化ないし超高齢化である。老年医学では、高齢者の定義は六五歳以上、その中で七五歳以上を後期高齢者、八五歳以上又は九〇歳以上から超高齢者とする、というのが、世界的なコンセンサスとされているようであるが、本書で「超高齢化」として考えているのは、七五歳以上の後期高齢者の比率が劇的に高まる現象である。このパンドラの箱を開けつつある日本の社会経済は、中期的に極めて深刻な問題を抱える。ただ、パンドラの箱の底に希望が

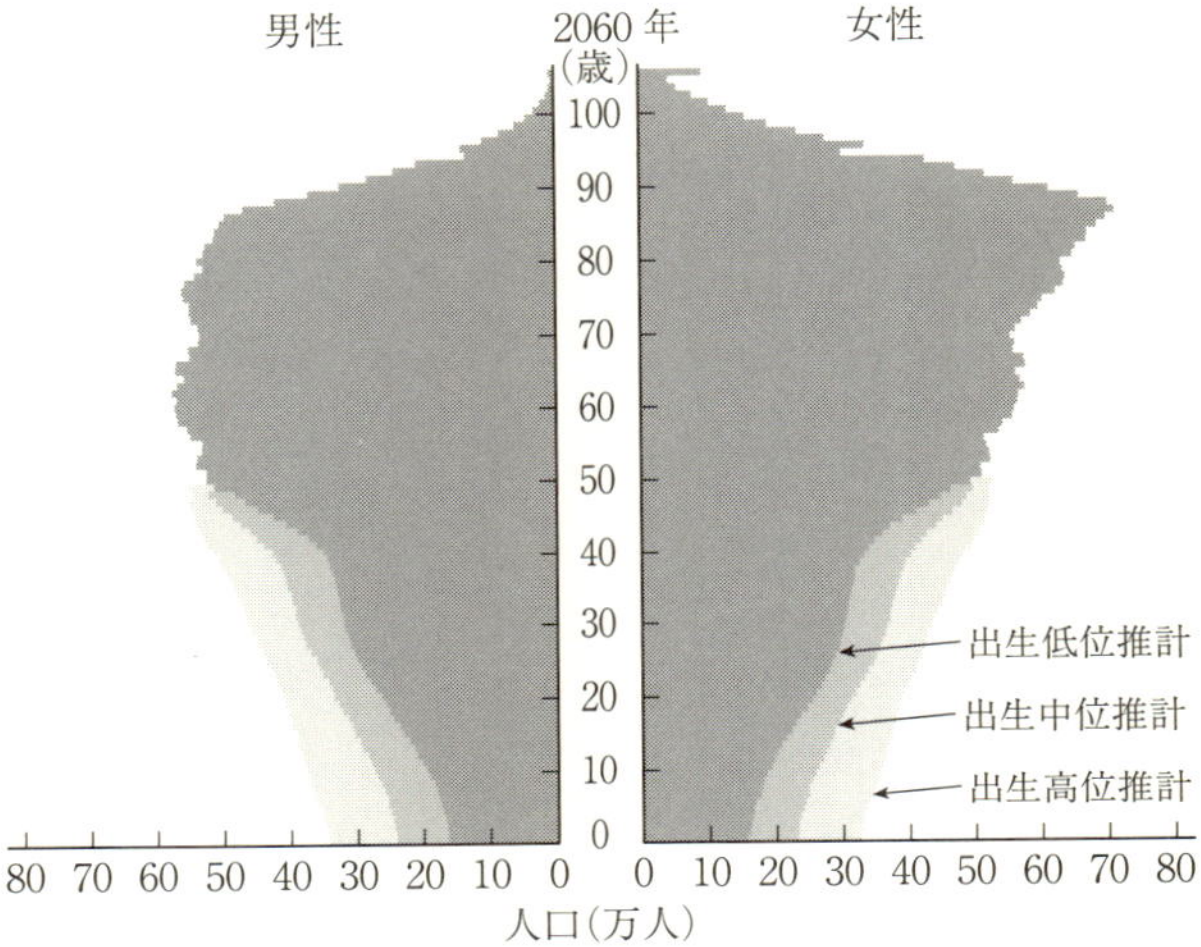

資料：1920–2010年は国勢調査，推計人口．2011年以降は「日本の将来推計人口(平成24年1月推計)」．
出典：国立社会保障・人口問題研究所ホームページより

図4–7　2060年の日本の人口ピラミッド

残っていたように、超高齢化はなにがしかのチャンスを日本に提供するものでもある。

日本で人口高齢化が進んできた原因は、出生率の低下だけではない。平均寿命が急速に延伸した影響も極めて大きい。日本の平均寿命の推移をみると、第二次大戦後の急速な延伸のあとも持続的に延伸を続けている。人口問題研究所の人口推計によれば、一九五〇年代には富士山のような形をしていた日本の人口ピラミッドは、二〇六〇年には聖火台型に変形し、最多人口層は、八〇歳代の女性であり、一〇五歳以上の女性も珍しくなくなる、とみられている(**図4–7**)。

超高齢化の影響

こうした超高齢化は、社会に極めて大きな影響を与える。人口超高齢化の一つの側面は、すでに何度か触れた総人口に占める労働力人口比率の低下であり、多くの高齢者を少ない労働者で支えなければならない、という問題である。

この問題については、前章でもふれたように、処方箋として女性・高齢者の活用の必要性がしばしば論じられている。ちなみに、「選択する未来」委員会では、前期高齢者の体力・運動能力が時間の経過とともに、向上している、という点に着目している。これは前期高齢者の労働力化という観点からは心強い材料にみえる。委員会の中間整理では、七〇歳まで働く人を「新生産年齢人口」と捉え直し、仕事や社会活動への参加を促す、という議論を展開している。また、政府は、成長戦略の一環として女性の活用も掲げている。こうした前期高齢者・女性の労働力化率を上げるという方向の政策努力は、しばしば取り上げられている論点である。それらの方向で努力すべきことに異論はない。しかし、問題は、超高齢化社会で、そうした方向についてマクロ的に整合的な絵を描けるか、描くにはどうすればよいか、ということである。そのためには、多角的な検討が必要になり、それこそが当面の成長戦略の柱になるはずである。

こうした観点から、ここで取り上げるのは、「選択する未来」委員会ではあまり取り上げていない、超高齢化に伴なう健康状態の悪化が潜在成長率に与えるマクロ的影響である。後期高齢者は健康維持の問題をより大きく抱える。例えば、認知症は若年でも発症することがあるが、その発生可能性は五歳加齢するごとに二倍になることが以前から指摘されており(例えば、厚生労働省地方老人保健福祉計画研究班・痴呆性老人調査・ニーズ部会 一九九二)、加齢は極めて重要な認知症の発症要因である。

後期高齢者は加齢とともに認知症以外にも自立した生活を困難にするさまざまな健康障害により、

介護を受ける必要性が高まる。二〇一二年一一月審査分の年齢階層別の要介護(要支援)認定率をみると、六五―六九歳では、三%に過ぎないものが、八五―八九歳では、五〇%に達し、九五歳以上では、八四%に達する(**図4–8**)。認知症に代表される加齢による健康状態の悪化は、近未来の日本において人口に占める要介護比率が劇的に高まる可能性を強く示唆する。

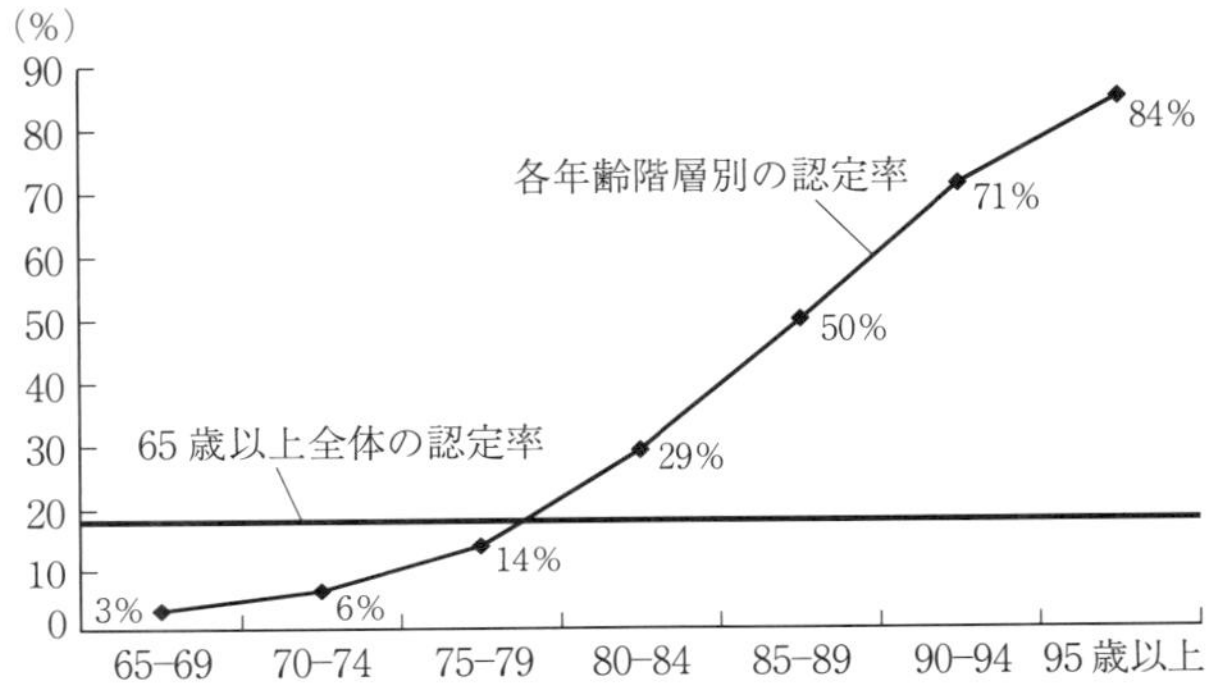

出典：国立社会保障・人口問題研究所「将来人口推計」及び「介護給付費実態調査(平成24年11月審査分)」

図4–8　年齢階層別の要介護(要支援)認定率

トリスタン島の超高齢化実験

この問題を、大摑みに、より長期的視野で考えてみよう。そのためには出生率低下の長期的影響のイメージをつかむ際に利用したトリスタン島の寓話が役に立つ。この世界で人口高齢化が出生率の低下だけでなく、日本のように平均寿命の急速な延伸によってもたらされた社会がどうなるかを、引き続き「封筒裏の計算」のレベルで検討してみよう。

いま、トリスタンでは、第三期から一〇〇年かけて、平均寿命が一〇歳延伸した、と仮定する。これにより、トリスタンでは、第三期からは八〇歳以上の高齢者が次第に増加する。高齢者の要介護比

表 4-3　トリスタン島における人口超高齢化の影響

期	出生率	生産年齢人口			高齢人口			要介護人口 H＝D×0.06＋E×0.6（小数点以下四捨五入）	要介護人口と生産年齢人口との比率 H/(B＋C)（%）
		20-39歳(B)	40-59歳(C)	(B)＋(C)	60-80歳(D)	80-100歳(E)	平均寿命		
1	2.0	20	20	40	20	0	80	1	3
2	2.0	20	20	40	20	0	80	1	3
3	4.0	20	20	40	20	2	82	2	6
4	2.0	40	20	60	20	4	84	4	6
5	1.4	40	40	80	20	6	86	5	6
6	1.4	28	40	68	40	8	88	7	11
7	1.4	20	28	48	40	20	90	14	30
8	1.4	14	20	34	28	20	90	14	40
9	1.4	10	14	24	20	14	90	10	40
10	1.4	7	10	17	14	10	90	7	40

筆者作成

率は、日本における現状に近い数字として、六〇―八〇歳は六%、八〇―一〇〇歳は六〇%という比率を想定する。この想定をもとに、各期の要介護人口とその生産年齢人口に対する比率を試算してみる。すると、要介護人口の生産年齢人口に対する比率は、後期高齢者人口が急増し、超高齢化社会に到達した第七期以降に急上昇し、実に四〇%を超えてしまうことがわかる(**表4-3**)。

超高齢化に伴う国民の健康状況の平均的悪化は、国民の社会保障負担を通じて財政の持続性にも直接的な影響を与える。しかし、ここではこの点には立ち入らず、要介護人口比率の上昇という現象の潜在成長率に与えるマクロ的な影響の問題をもう少し考えてみよう。

いま、要介護状態に陥った人に対して誰かが介護サービスを提供することで、なるべくそれ以前の状態と同じ生活の質を維持するようにつとめる、という社会を考えてみる。この場合、一人の人が何人の人を介護できるのか、というのは難しい問題である。要介護者の状況、提供しようとする生活の質によって、当然、答えは異なるからだ。ここで用いている大雑把な数値例のレベルでは、とりあえず数字を置いてみるしかない。

いま、トリスタンには、在宅介護の社会慣習があり、例えば両親がふたりとも要支援ないし要介護になった段階で子供の一人が離職し親の面倒をみることになる、と想定してみよう。日本でも厚生労働省は家族による家庭介護に期待しており、日本で親がふたり要支援ないし要介護状態になった場合には共働き夫婦の片方が離職する可能性も高いと考えられるからだ。

そこで、ここでは、とりあえず、生産年齢人口の人が一人あたり二人を介護できる、という想定をしてみる。第一期のトリスタンであれば、要介護の人は一人であるから四〇人の労働者のうちの一人の労働者が、その半分の時間をそのために割けばよい。

しかし、第八期には、要介護の人は一四人に達しているから、三四人の労働者の二割強にあたる七人をそのために充てなければならない。このことは介護以外の財・サービスについて同じ生産量を維持するのには、二割少ない労働者で済ませるための労働生産性向上が必要になるということを意味する。言い換えれば、この場合、超高齢化の進行は、適切な高齢者の健康維持対策が採られなければ、生産性の二割カットと同等の負荷(マイナスの生産性ショック)を経済に与えることになる。

ここでは、マイナスの生産性ショックというとらえ方をしたが、野口悠紀雄氏は、介護サービスは、災害復興事業に似ている、としている(二〇一四年八月二八日付ダイヤモンド・オンライン)。同氏のアナロジーをやや違う角度で多少敷衍すれば、以下のように言えるだろう。災害で住宅や社会資本が損傷した場合、被災者をそのまま放置することはできない。だから、他の生産活動を縮小しても復旧事業をしなければならない。同様に、介護も優先度が高い。それにより多くの労働力や資源を割かねばならなくなれば、他の生産活動を縮小せざるをえなくなる。

量的・質的緩和による円安誘導の効果として、これにより労働や資本が生産性上昇率の低い非製造業部門から輸出産業にシフトし、トレンド成長率が改善することに期待する議論を時折見かけるが、製造業への労働力シフトは、中期的には待ったなしの介護分野との折り合いのつけ方が問題になる。厚労省は、二〇一六年度から外国人技能実習制度に介護分野を追加し、介護福祉士の資格を取得した留学生を対象に新たな在留資格を設け、介護現場で働くことを認めるとしているが、この延長線上で、海外労働者に介護を頼ることを本格的に展望するなら、円安はむしろ障害になるだろう。

トリスタン島と対比した日本の超高齢化の現状と展望

表4-3の数値は、あまりに衝撃的なので、日本には参考にならない極端な仮定をおいているのではないか、という印象かもしれない。ケインズが述べているように、むしろそれは自然な反応だろう。実際、表4-3の試算は「封筒裏の計算」のレベルのものである。一口に「介護が必要な人」といっても、要支援の段階と要介護の段階、さらに要介護にもいくつかの段階がある。また、生産年齢人口を七〇歳までと定義しなおせば、要介護人口と生産年齢人口の比率はとりあえず三〇%程度にまでは下げられる。さらに、家庭での介護をサポートする体制の充実をはかる、という政策努力を先取りすることで、もう少し労働力人口への衝撃を小さくした数字を作ることもできる。というより、介護

表 4–4　日本人の平均寿命の推移

（単位：歳）

	1950	1960	1970	1980	1990	2000	2010 (a)	2060 (b)	(b)－(a)
男　性	58.0	65.3	69.3	73.4	75.9	77.7	79.6	84.2	4.6
女　性	61.5	70.2	74.7	78.7	81.9	84.6	86.3	90.9	4.6

出典：厚生労働省「簡易生命表」．ただし 2060 年の平均寿命予測値は，人口問題研究所の平成 24 年・死亡中位推計による

表 4–5　日本人の 75 歳時点での平均余命の推移

（単位：歳）

	1950	1960	1970	1980	1990	2000	2010
男　性	7.6	9.0	6.6	7.1	8.3	10.8	11.6
女　性	6.6	8.0	8.0	8.7	10.2	12.1	15.4

出典：厚生労働省「簡易生命表」

離職とその影響は、前提の置き方次第でいくらでも小さい数字を作ることができる問題だろう。しかし、こうした操作をしても、厚生労働省が、基本的に家族による家庭介護で超高齢者を支えることに期待している以上、実態が大きく変わるわけではない。「見栄えの良い数字」を作り、それを判断の前提にすることは、政策対応を手遅れにさせかねない。その場合、かつての「出生率低下は一時的であり、ほどなく人口置き換え水準に戻る」という前提を維持し続けた判断の誤りを繰り返すことになるだろう。それよりは、むしろリスク・シナリオに対応するような厳し目の数字を置いてみて、それを前提に政策努力を積み重ねる方がよいのではないだろうか。

厳し目の数字、と書いたが、日本の超高齢化は「トリスタンの数値例」よりもはるかに劇的な要素もはらんでいることを指摘しておく必要がある。それは、トリスタンの数値例の前提をはるかに超

えた平均寿命の劇的な延伸である。

トリスタンの数値例では、第三期から第七期まで一〇〇年かけて平均寿命が一〇歳延伸した後、八期以降は寿命延伸が止まる姿を想定している。しかし、日本人の平均寿命は、一九五〇年から二〇一〇年の六〇年間で、男性で約二三歳、女性で二四・八歳伸びてきた。一九七〇年から二〇一〇年の四〇年間でみても男性一〇・三歳、女性一一・六歳という高い伸びを示している。それに加え、人口問題研究所の死亡率中位推計では、二〇一〇年から二〇六〇年の五〇年間で男性、女性とも寿命がさらに四・六歳伸びると想定されている(**表4-4**)。

ただし、人々がすべて天寿を全うすることを前提にしたトリスタンの場合と異なり、過去の日本の平均寿命の延びには、乳幼児死亡率の低下が大きく寄与している。しかし、七五歳の日本人の平均余命の推移をみても一九五〇年から二〇一〇年の六〇年間で男性は四歳、女性は八・八歳、一九七〇年から二〇一〇年の四〇年間でみても男性五歳、女性七・四歳という高い伸びを示している(**表4-5**)。トリスタン島の数値例は、日本で起きている現在進行形の人口超高齢化にくらべ、将来の寿命延伸を捨象している点では、かなり控えめな設定といえる。

介護が日本の労働市場に与えるインパクト——現状と将来展望

したがって、トリスタン島の仮想例は封筒裏での計算レベルとはいえ、この島で起きた事態は、極めて高い確度で近未来の日本で生じる可能性が高いと考えられる。「平成二四年就業構造基本調査」(総務省統計局)では、二〇一二年一〇月一日時点で一五歳以上人口のうち介護をしている者は五五七万人、「労働力調査」によると労働力人口は六六〇〇万人である(二〇一四年七月時点)。したがって、介護に携わっている人は、現在、労働力人口の八%強になる。就業構造基本調査では、このうち、約半分の二九〇万人、労働人口の四%強が仕事を持っている。

しかし、日経ビジネス(二〇一四年九月二二日号)は、本人や配偶者の親が要介護状態だが、会社にその事実を伝えていない「隠れ介護」がすでに一三〇〇万人、労働力人口の二〇%弱に上っている可能性がある、との推計を紹介している。そして、今後、突然、介護離職が激増することが、企業にとっての大きなリスク要因であることを指摘している。

政府の認知症対応

ここで政府の認知症対応の動きを見てみよう。二〇一五年一月二七日、政府は「認知症施策推進総合戦略(新オレンジプラン)」を決定した。これによると、六五歳以上の認知症の人は二〇一二年時点でおよそ七人に一人だが、団塊の世代が七五歳以上になる二五年には、これが五人に一人に増える、としている。この推計を踏まえ、対象期間の二〇二五年までに「認知症の人の意思が尊重され、住み慣れた地域のよい環境で自分らしく暮らし続けることができる社会の実現を目指す」としている。つまり、政府は認知症の激増に対し、基本的に家族による家庭での介護で対応することを想定している。

なお、この戦略案では研修・啓発活動に重点が置かれ、介護に必要な人員の見直しには触れていない。ただし、同年一月一六日の日本経済新聞朝刊は「介護に携わる職員の数は、高齢化がピークを迎える二〇二五年度時点で三〇万人程度不足する見通しであることが、厚労省の調べでわかった」とし、厚労省は二〇一五年度から職員の賃上げや介護未経験者の活用といった対策を強化し、人手確保を急ぐ、と報道している。もっとも、この記事では、介護は仕事の労力が重い割に賃金水準が低いことから慢性的に人手不足が続いており、二〇一四年一一月の介護サービスの有効求人倍率は二・五一倍と、すでに全産業の二倍以上であることを付記している。こうした極端な人手不足の状況が外国人技能実習制度の介護分野への拡張につながっている。

要介護者の激増に家庭介護で対応することを前提にする以上、介護離職問題は必然的に深刻化することが予想される。新オレンジプランでは、介護離職問題に触れてはいるが、対策としては「介護離職を予防するための職場環境モデル」普及のための研修の実施やパンフレットの作成・配布、両立に向けた理解を深めるためのシンポジウム、優良企業に対する表彰制度などで社会的機運の醸成を図る、とするにとどめている。

国家戦略案は二〇二五年までが対象期間とされているから、一月一六日の日経記事では二〇二五年が高齢化のピーク、と表現されているのだろうが、日本の現状をトリスタン島の数値例と比較すると、二〇二五年でも、まだピークのはるか手前にある。要介護比率が劇的に上昇するのは、団塊の世代以降の人口ピラミッド上のふくらみ層が続々と七五歳を超えてからであるから、それは新オレンジプラン以降の時期である。これにより介護を受けることが必要になる人が激増すると、それに応じて、介護を理由に離職する現役世代がさらに急増するリスクがあるだろう。むろん、団塊の世代が七五歳を超えるという特定の時点でいきなり問題が大きく顕現化するとは限らない。労働市場における二〇〇七年問題や二〇一二年問題と同様、深刻化する時期には不確実性がある。しかし、加齢が要介護・要支援率を上げていくことが確実な以上、団塊の世代以降の超高齢化の影響は、いずれかの時点で誰の目にも明らかになり、時間の経過とともに、より大きな影響を社会に与えていく可能性が高い。

4　超高齢化社会の成長戦略

持続性のある需要増大

しかし、パンドラの箱から希望が飛び出したように、超高齢化には負の生産性ショックだけでなく、成長にプラスをもたらす面も生じ得る。日本の成長戦略はその点を強く念頭において構想する必要がある。

成長戦略が主眼とする生産性向上は需要の拡大と併進させる必要がある。しかし、人口減少・超高齢化社会で必要な需要拡大は、インフレ期待を上げ消費者の買い急ぎを煽る、といった総需要拡大とは異なる方向感を必要とするだろう。

かつて吉川洋氏は、二〇一三年に日経BPのインタビューなどで、道路に穴を掘って埋めても需要は生まれるけれども持続可能ではない、需要創出型のイノベーションはもっと持続性のある介護や医療など成長分野でのプロダクトイノベーションで経済を引っ張っていくという話だ、と主張していた。その議論の延長線上で、二〇一四年一月の「選択する未来」委員会で次のように述べている。

私が明るい未来派だと考えている根拠は、この委員会で会長が大きな論点としてデモクラフィーを挙げられたが、まさに高齢化こそが大きな環境変化だと思う。

これで私は世の中全てが全とっかえになると思っている。またならなければならない、必ずなると思っている。全てという意味は、建物、交通手段、自動車、公共の交通、流通、都市のあり方、もちろん医療のシステム、ありとあらゆるものが全とっかえになって、それこそがイノベーションの種ということだと思う。

イノベーションというのは必要がなければ必ずしも変わらなくていいということになるわけだが、昔から「必要は発明の母」という言葉があるが、まさにそのとおりで、高齢化によって全てが変わる。これを担う、イノベーターというのは、やはり先進国、具体的には日本、アメリカ、ヨーロッパだろうと想像している。

これは、超高齢化に光明を見出す極めて重要な指摘だと考える。しかし、筆者は、高齢化がおのずとイノベーションを刺激し需要を伸ばす、とまで楽観すべきではない、と考える。何より問題なのは、ケインズが指摘しているように、人々は未来を直視することを避けがちだ、ということだ。このため、人口問題は、超高齢化問題にせよ、出生率問題にせよ、認識が実態になかなか追いつかず、対策は後手に回りがちである。日本はこれまで出生率問題に本格的に取り組まなかったツケとしてのマイナスの人口モメンタムに苦しんでいる。地方経済の崩壊はすでにはじまっている。「団塊の世代」が後期高齢者になるまでの期間は一〇年を切っており、残された時間は極めて少ない。

認知症対策の利益

認知症を例に挙げて、もう少し考えてみよう。認知症は要介護となる主要な原因の一つであり、家族の肉体的、心理的負担は極めて重い。先に述べたように、加齢は認知症の大きなリスクファクターである。認知症予防薬や認知症治療薬の開発は、吉川氏の指摘する持続性がある介護や医療など成長分野でのプロダクトイノベーションであり、有効なものが発売されれば必ず大きな需要を生み出す。開発に成功した企業は大きな利益をあげることができる。

認知症に立ち向かい高齢者の健康寿命を延ばすことは負の生産性ショックを相殺する、という意味で重要な成長戦略になる。そのポジティブな影響はそれだけにとどまらない。認知症予防と治療の確立は製薬企業の盛衰を超えて高齢化社会にとっても死活的に重要になる。それは、日本だけでなく、高齢化・超高齢化が進行している他国にも大きな福音をもたらすだろう。

現状、研究者の血が滲むような努力にもかかわらず、認知症の根本的な治療薬開発は劇的な進展をみるには至っていない。しかし、アルツハイマー型認知症の進行を遅らせることのできる治療薬として有名なアリセプト(ドネペジル塩酸塩。一九九七年米国、九九年日本で発売開始)は日本で開発された。この薬はエーザイの研究者であった杉本八郎氏の母上が認知症にかかり、杉本氏は、自分を息子と認識できない母上との会話に衝撃を受け、同時に使命感を鼓舞されて開発した、とされている(アリセプト開発のエピソードはエーザイのホームページで紹介されている)。アリセプトは発売以来、長年、唯一のアルツハイマー病治療薬であったため、その特許が切れた二〇一一年時点には、国内医療用医薬品の製品別売上ランキングのトップに立った。

成長戦略の一環として、この分野で政府が支援できること・すべきことは多い。米国は、先進国の中では例外的に高齢化がそれほど深刻化しない国だが、それでもオバマ大統領は二〇一三年四月二日、アルツハイマー病などの病気の二〇二五年までの根治を目的として、新しい国家プロジェクトの立ち上げに踏み出している。人間の脳の複雑で謎に満ちた内部の「地図」を作成する予算一億ドルのプロジェクト「ＢＲＡＩＮ(Brain Research through Advancing Innovative Neurotechnologies 高度で革新的な神経科学による脳研究)」である。ＢＲＡＩＮプロジェクトは、国立衛生研究所、国防高等研究計画局、全米科学財団が共同で進める。研究者らは、脳細胞と神経回路がどのように機能し、それぞれの間でどのような相互作用が起きているかを調べる。脳が情報をどのように記録し、使用し、検索しているかについて解明し、脳内部の精密な地図を作成することにより、てんかんやアルツハイマー病などの脳疾患を治療・予防する新しい方法を開発することをめざす(米国・国立衛生研究所ホームページ http://www.braininitiative.nih.gov/index.htm 参照)。

要介護になる大きなリスクとしては、このほか、歩行機能低下を中心とするロコモティブ・シンドロームも重要である。四肢(手足)の障害による運動機能の毀損に対しては、ロボットなどによる機能代替も有用性が高いと考えられている。脳は、ニューロンからパルス電流を出す電気信号系で肉体を制御しているので、補助的な機器がこの電流を検知して、四肢を動かす代わりに運動をサポートしてくれれば、四肢による機能を代替できる。いうまでもなく、日本はロボット技術にも高い先進性を有している。

後期高齢者の健康維持という成長戦略

認知症対策、ロコモティブ・シンドローム対策はいずれも後期高齢者の健康維持上、極めて重要だが、一例に過ぎない。加齢による生理機能の低下は多面的に健康維持を阻害するから、高齢者の健康寿命延伸には総合的な対策が必要だ。先に述べたように、政府は一九五〇年代に「受胎調節実地指導員制度」を導入して草の根的な運動を展開し、これがこの時点では「人口安定化」に寄与した。後期高齢者の健康寿命を延ばすことは、なにより多くの人たちの生活の質を改善し、マクロ経済的に見てもマイナスの生産性ショックを和らげる。団塊の世代の後期高齢者への到達時期を考えると、政府は健康寿命延伸のための対策を今後一〇年間に集中的に講じる必要があるだろう。

新オレンジプランでは、認知症の効果的な予防法の確立のため、二〇二〇年頃までに、リスクを高める因子(糖尿病等)やリスクを軽減させる因子(運動等)を明らかにし、効果的な予防法の確立を目指す、また「脳とこころの健康大国実現プロジェクト」に基づき、同年頃までに、日本発の認知症根本治療薬の治験開始を目指す、として二〇一五年度予算案で六五億円、介護支援ロボットの実用化関連についても二五億円計上している。これは公共事業主体の国土強靭化計画関連の同年度予算案の規模三・八兆円と比べると合計でも〇・二%程度に過ぎない。

痛みを和らげる構造改革としての出生率・超高齢化対策

以上のように、日本の社会・経済を維持するための喫緊の課題は、長期的には出生率の引き上げ、そして短・中期的には高齢者の健康維持であり、これらに官民を挙げて取り組む必要がある。

構造改革は一般に「成長に必要ではあるが痛みをともなう」と位置付けられている。そのことを前提として、構造改革を重視する人は、痛みに耐え、これを乗り越える国民的勇気を求める。これに対し、総需要刺激を強く主張する人は、痛みを伴う構造改革よりも、まず総需要拡大により潜在成長率を高めることが望ましい、と論じることが多い。確かに成長戦略として取り上げられるものの中には既得権益に踏み込む規制改革など、実効性がある分、誰かに痛みを伴うものが多い。しかし、日本国民が直面している最大の課題は人口減少、超高齢化である。これらへの対策については痛みの強い構造改革と位置付けるべきではないし、総需要拡大策が非常に有効とも考えるべきでもない。

出生率を人口置き換え水準の二・〇強まで引き上げるべきだ、という主張に対しては異論もある。日ごろ畏敬している友人の中にも、子供を産むかどうかは、個人の選択であり、その選択の結果として出生率が低下し、日本が静かに衰退するのであればそれを容認すべきだ、という意見の人も意外に多い。子供を持つかどうかについての個人の選択が決して侵害されてはならない、という見解には全面的に賛同する。しかし、個人の選択は、社会環境と政策に大きく影響される。戦争直後、日本の出生率は極めて高かったが、食糧難・住宅難の中で、人工中絶の合法化をはじめ、人口を抑制する方向での政策的な働きかけのもとで、出生率は低下していった。また、フランスやスウェーデンなど、人口置き換え水準出生率への復帰に政策的に成功している国もある。

出生率引き上げに成功した国の事例をみても、必要な政策は、出産することを社会が強制する政策ではなく、子供をほしい人が子供を産みやすい環境をいかに整えるか、子供を産んだ人が働きながら育てやすい社会環境を作るか、という方向の政策になっている。むろん、雇用主である企業にとってはなにがしか負担が増加することはあり得るだろう。しかし、大局的には子供を育てやすい社会を作ることは、出産・育児に強い痛みを伴う歪んだ社会構造を是正することだ。別の言い方をすれば、出生率は政策の影響を受ける内生変数であり、政策を動員して人口置き換え水準近傍に保つのは政府の長期的責任であると考えるべきだ。人口置き換え水準を大きく割り込み続けている、という現実は国の存続を困難にするような、出生を過度に抑制する歪んだ社会構造を容認する政策が長期にわたって維持されていることに他ならない。

他方、短期から中期にかけての成長戦略である超高齢化対策は、超高齢者の健康寿命を延伸させるための取り組みになる。それは超高齢者の生活の質を向上させ、家族の介護負担軽減につながることで、労働力を温存する効果をもつはずである。超高齢者およびその家族にやさしい社会を作ることはなにより超高齢化による社会の痛みを和らげる。

日本は高齢化がもっとも進んでしまった国であり、今後もかなり長期にわたって超高齢化が進むことは避けられず、その中で道を探っていくしかない。しかし、高齢化は世界的に進んでいる現象であり、大きく、かつ切実な需要を作り出す。最先端に立ってしまった日本が、それをうまく生かし、切り抜けていくことは日本社会にとってプラスになるだけでなく、世界の今後にとっても大きな光明になるだろう。

金融政策への含意

以上の議論は金融政策のあり方について何を示唆するだろうか。

ハウスマンとウィーランドの金融政策のレジーム・チェンジによる潜在成長率引き上げシナリオでは、足元までの人口減少は念頭に置いているが、将来の人口動態がもたらす影響を捨象しているようにみえる。このため、需要の大きな増加により働き手が増えて自然失業率が低下し潜在成長率が高まることへの期待を表明している。このシナリオは、日本の現状に照らすと非現実的にみえる。

他方、持続的な人口減少により実質均衡利子率が恒常的にマイナスになる可能性を指摘したエガートソンらは、二%を大きく超える高いインフレを起こすことで実質利子率の低下を促すことが有効である、と主張している。しかし、人口減少トレンドが続いても高いインフレ率で総需要維持をはかることができる、という議論はマクロ経済学者にとっては興味深いが、現状の人口動態が続く限り社会の崩壊が不可避であり、団塊の世代の退場とともに構造的な人手不足が目立ち始めた日本経済にとっては本質を外れた処方箋になりかねない。人口減少や超高齢化の問題に立ち向かう方がはるかに一国の将来にとって喫緊の課題であろう。

ケインズに限らず、偉大なマクロ経済学者は、しばしば人口問題に正面から取り組んできた。例えば、一九世紀のスウェーデンが生んだもっとも偉大な経済学者であったクヌート・ヴィクセルは、自然利子率と市場利子率の概念的区別を確立し、これを軸とした分析で現代のマクロ経済学に深遠な影響をもたらしているが、同時に徹底したマルサス主義者であり人口問題への関心がきわめて高かったことが知られている。例えば、「女性問題と統計」という未発表草稿の中で、彼は「大多数の社会問題がそうであるように、女性に関する問題の一〇のうち九までは経済問題であり、そのことは、一〇のうち九までが人口問題であることを意味している」と述べ、スウェーデン国内の女性の地位向上のための移民政策論を展開している(Jonung 1988)。

繰り返しになるが、日本では、団塊の世代は退職期を迎え人手不足問題が顕在化しはじめており、長期的な労働力人口減少や超高齢化への対応が喫緊の課題になっている。こうした日本経済の現状に照らすと、量的・質的緩和による予想インフレ率への働きかけにより、自己実現的予言が成就する形で予想インフレ率が高まり、それにより日本経済がマイルドなインフレになれば成長率も高まる、というシナリオは、現在の日本が直面している問題の核心を捉えていない。むしろ、デフレという表層的な現象を日本経済の低成長の元凶に位置づけてしまい、インフレが潜在成長力を高めることを待つことは、人口減少や超高齢化という根源的かつ喫緊の課題から目をそらす方向に作用する。

量的・質的緩和の問題は、それだけではない。二％のインフレ目標達成を至上命題とする金融政策は別の大きな社会的・経済的問題を惹起するリスクがある。それは、次の章で検討しよう。

第五章　転換期の日本銀行と財政民主主義

1　非伝統的金融政策の巻き戻しと財政破綻

新幹線大爆破

あるパニック映画の話からはじめよう。この映画は、公開当時それほど注目されず、興行的にもあまり成功しなかった。しかし、一九七八年にフランスで公開されたフランス語版(Super Express 109)が大ヒットし、今日では、名作と評価されている。『新幹線大爆破』である。

事件は、完全犯罪をめざす犯人グループが東京発の新幹線「ひかり一〇九号(博多行き)」に特殊な爆弾を仕掛けたうえで、爆弾を仕掛けた、という脅迫電話を国鉄本社にかけることからはじまる。身代金を払えば、爆弾を仕掛けた場所を教える、という。

興味深いのは爆弾の性質である。この爆弾は「ひかり一〇九号」が時速八〇キロに達した時点で第一のスイッチが入る。だが、一〇九号が時速八〇キロ以上の速度で走っている限りは爆発しない。しかし、いったんスイッチが入った後は、時速八〇キロ以下に減速すると第二のスイッチが入って爆発する。新幹線などの電車は加速時にアクセルを使うわけではないが、自動車でいえば、アクセルはいくら踏んでもよいがブレーキはかけられない状態である。脅迫電話が国鉄本社にかかるのは、一〇九号が新横浜を通過し、時速八〇キロを大きく超える速さに達した後である。むろん、そのことは当初は乗客には知らされない。乗客の不安と不満が爆発するのは、本来停車するはずの名古屋駅を通過せざるを得ないことがアナウンスされてからのことである。

量的・質的緩和の二つのスイッチ

この映画を紹介したのは量的・質的緩和の性質が「ひかり一〇九号」に仕掛けられた爆弾と酷似していることによる。

量的・質的緩和は大量の国債を購入し、国債市場を麻痺させて長期金利を下げ、財政支出の拡大を支援している。この段階で第一のスイッチが静かにオンになった、とみてよい。国債購入を加速するかぎりは、財政危機という爆弾が破裂することはないから、経済は平穏なままである。しかし、二％のインフレ目標の安定的達成という建前からすれば、インフレ目標を超えてインフレが加速するリスクが高まれば、日銀はアクセルから足を離しインフレ圧力を減速させなければならない。停車駅に近づけば、「ひかり」がブレーキをかけざるをえないように。

財政危機はいつ・どのように起きるのだろうか。その分析は、なかなか難しい。例えば、二〇一五年に入ってから刊行された伊藤(二〇一五)では、債務の対GDP比率が発散的に増大する場合を「債務が維持可能」でない状況とし、税収、歳出、金利、成長率などのマクロ変数の実現可能な組み合わせの範囲内で債務・GDP比率が引き下げられない場合に債務が維持可能でなくなり、財政危機に見舞われる、とする。そして、これを前提に消費税増税時期などのさまざまな代替的なシナリオのもとで日本の財政危機がいつ起きるか、というシミュレーション結果を紹介している。これは、ひとつの有力な分析手法である。しかし、近年の欧州債務危機をみても、財政危機は、通貨危機などと同様に——そしてインフレ予想などよりは、はるかに——自己実現的性格が強いものである。投資家の国債離れは財政危機に対する不安によって突然生じうる。財政危機への不安による国債離れが国債金利を上昇させ、それが危機感をさらに募らせる、という悪循環が進行し始めると、自己実現的に財政危機が起きてしまう。この場合、重要なのは不安の引き金はなにか、ということである。また、引き金が、マクロ変数の将来予想であれば、上記のようなシナリオ分析による危機発生予想時点よりもはるかに手前で財政危機が顕現化し得る。

日本政府の純債務残高はGDPの一・五倍にのぼる。日銀が金利を上げ始めれば政府の利払費が増加しはじめる。金利上昇による利払費の増加が投資家に財政の持続性への不安感をもたせる状況になれば金利上昇圧力が強まり、そのことが投資家の不安感をさらに高める、という悪循環過程に入ってしまう。財政危機に向けた第二のスイッチがオンになっていく状況である。

「ひかり一〇九号」が停車駅に近づくまではいくらスピードを上げても、乗客は、不安を感じたりパニック状態になったりはしない。同様に、量的・質的緩和もその拡大過程では静穏な状態が続く。しかし、停車駅に停まれそうにないことがわかって初めて不安が高まる局面になる。「ひかり一〇九号」では、終点の博多についてしまうまでに爆弾を取り外すための戦いが始まる。日本経済の場合、二％のインフレ目標で止めるべきか、「ひかり一〇九号」が名古屋駅を素通りしたように二％のインフレ率を素通りして高いインフレ率で走り続けるべきか、という問題が生じる可能性が大きい。

金融正常化の際に生じる三つの問題

第一章で金融正常化への道のりの険しさについての国際決済銀行の見解を紹介したが、日本での金融正常化の過程でも、当然いくつもの難問が待ち受ける。以下では、二％のインフレ目標が実現したあとの金融正常化の過程で生じる三つの問題について考えてみる。

第一の問題は、二％のインフレ目標からの行き過ぎを止められるか、ということであり、この問題は期待への働きかけを標榜する量的・質的緩和がアクセルから足を離すのが難しい枠組みであることによって生じる。

第二の問題は、財政の持続可能性と二％のインフレ目標は両立するか、ということであり、日銀が国債を買った資金で財政のきわめて大きな部分をファイナンスする量的・質的緩和から、インフレ目標の維持だけのために撤収し、財政のファイナンスを停止できるのか、という問題である。

第三の問題は、金融正常化の過程で生じ得る日銀の大きな損失の分担をめぐる問題である。政策による利得と損失負担をだれに帰着させるかは所得分配の問題であり、財政政策の領域に属する。民主主義社会において日銀が巨額の所得分配に主体的にかかわることは、必然的に中央銀行の独立性の基礎を再考する必要性につながるだろう。

実質金利と金融政策効果

まず、二％のインフレ目標が実現したあと、日銀がインフレ目標からの行き過ぎを止めることへの金融政策面でのハードルについて考えてみる。

中央銀行は、通常、インフレ圧力が強いときには金利を引き上げてブレーキをかけ、デフレ圧力が強いときには、（金利がゼロに到達するまでは）金利を引き下げてアクセルを踏む。本書の前半でも論じたように、ここで、政策的に動かすのは名目金利だが、企業や家計の行動に影響を与えるのは、名目金利から予想インフレ率を差し引いた実質金利である、とされている。

さて、量的・質的緩和だが、この政策は大量に長期国債を買い、マネタリーベースを増やすことで長期金利を抑えるとともに、それが期待に働きかけることを通じて、人々が予想するインフレ率を高め、実質金利を低下させることを企図していた。しかし、ショック療法で人々のインフレ予想を自己実現的に動かすのは簡単ではない。実際、第三章でみたようにレジーム・チェンジ効果によるインフレ予想のジャンプは生じなかった。

しかし、潜在成長率の天井が低くなっている日本経済では、インフレ予想のジャンプが生じなくても、円安の進行、原油価格の反転上昇などで、インフレ率はいずれ二％の目標に到達するだろう。インフレ目標政策のもとでは、インフレが二％を超えて加速するリスクが大きくなった時点では政策転換が必要になる。もし、インフレ率の安定化をめざすなら、そのとき、何が必要か。実質金利の引き上げである。二％のインフレ率を安定的に維持するには、実際のインフレ率が目標インフレ率を上回っていればそれ以上に実質金利が高くなるのが望ましい（政策金利決定についてのテイラー原理）。しかし、量的・質的緩和の問題点は、ゼロ金利を維持している間にインフレ率が上昇すると、実質金利のマイナスが大きくなり景気刺激効果がどんどん強まる点にある。

いま、適切な政策金利を考えるベンチマークとして、ジョン・テイラーが一九九二年に提案したテイラー・ルールがどのような金利を示唆するかをみてみよう。このルールは

政策金利＝均衡実質金利＋目標インフレ率＋α×(インフレ率－目標インフレ率)＋β×GDPギャップ、α＝一・五、β＝〇・五

というシンプルなものである。ここでα＝一・五という係数はテイラー原理に対応している。ここでも、ちょっと「封筒裏の計算」をしてみよう。日本経済の状況を示す数値として、均衡実質金利が〇・五％、目標インフレ率が二％、GDPギャップがゼロ、というおおざっぱな値を代入してみる。均衡実質金利は潜在成長率なみ、二〇一四年末の時点でGDPギャップはほとんどない、とされているから、日本経済のラフな素描としては不自然ではないだろう。その前提のもとで、この式にインフレ率を与えれば、政策金利が出てくる。実際には、インフレ率が上がる過程ではGDPギャップは高まり、それにより政策金利の理論値は上昇している公算が高いが、これは簡単化のために無視する。このため、インフレ率が高いゾーンでは、算出される政策金利は本来のテイラー・ルールの適正水準よりは低くなっているはずである。

これに対し、インフレ期待を高めることを狙いとした量的・質的緩和の枠組みで、実質的には金融

緩和を強めすぎないためであっても、二%のインフレ率が実現する手前で金利を上げる政策がとれるかどうかが問題になる。

表5―1は二つの政策による実質金利を比較したものである。二%のインフレ率を安定的に維持するのが最終的な目的であれば二%のかなり手前で量的・質的緩和を縮小して、実質金利の一段の低下にブレーキをかけることが必要になる。実際、テイラー・ルールでは、インフレ率の高まりに応じて実質金利が上がっていきブレーキを強めていく姿になる。しかし、インフレ期待への働きかけを標榜する量的・質的緩和では、二%のインフレ目標が達成される以前に金利を引き上げることはほとんど予想されていない。したがって、目標到達時には実質金利の観点から見ると、金融政策は中立でなく、アクセル全開状態になっている可能性を否定できない。

インフレが加速してきた場合、日銀は加速が容認できなくなった段階で急ブレーキを踏むか、急ブレーキが金融市場を混乱させ、日本経済を転覆させるリスクがあまりに高いと考えて、インフレ加速を容認せざるを得なくなる、という二択問題に直面する可能性がある。

表5-1　テイラー・ルールと量的・質的緩和による金利水準の違い

（単位：%）

インフレ率	テイラー・ルール		ゼロ金利政策	
	名目金利	実質金利	名目金利	実質金利
0.4	0.1	△0.3	0	△0.4
1.2	1.3	0.1	0	△1.2
2.0	2.5	0.5	0	△2.0
2.8	3.7	0.9	0	△2.8

筆者作成

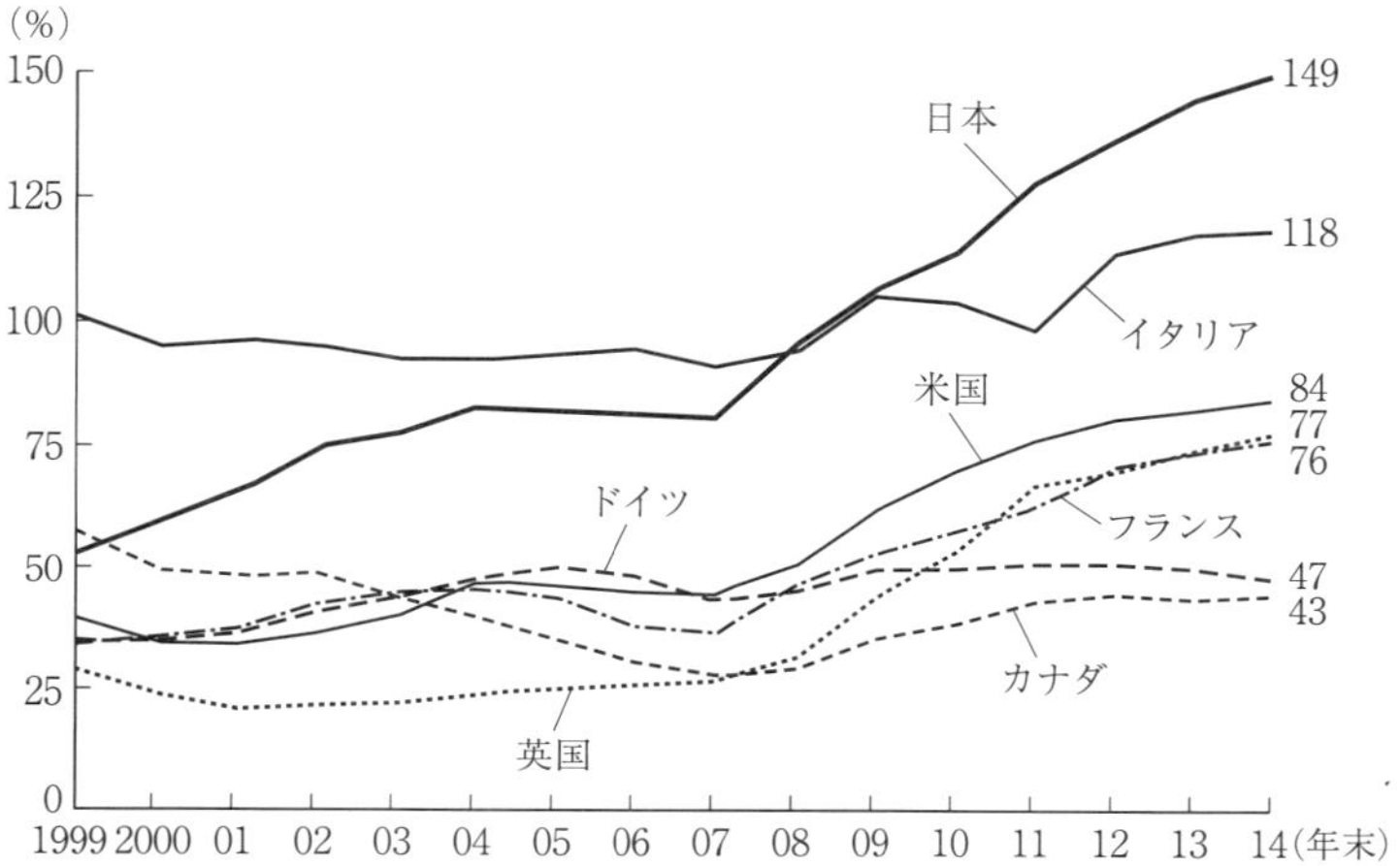

注：数値は一般政府（中央政府，地方政府，社会保障基金を合わせたもの）ベース．
出所：OECD, *Economic Outlook 94*（2013年11月）によるデータを用いており，2014年度予算は反映していない．
出典：財務省「債務管理レポート2014」

図5-1　政府純債務残高の国際比較（対GDP比）

深刻な政府債務の状況と金利低下ボーナス

急ブレーキが金融市場を混乱させ、日本経済に大きな悪影響を与えるリスクと関連するより重要な課題は、金融緩和の修正過程で国債市場の安定性をどのように担保するか、ということである。

日銀は、二〇一四年一〇月の追加緩和で、長期国債については、保有残高が年間約八〇兆円に相当するペースで増加するよう買入れを行う、とした。これは、二〇一四年度予算における国債新規発行額四一・三兆円の約二倍であり、新規発行額の全額に加え、満期が来た国債の借換分も新規発行債と同程度の量で購入することになる。追加緩和の直後に、政府は二〇一五年一〇月に予定されていた消費税率引き上げを延期し、量的・質的緩和がもつ財政ファイナンスの側面がより鮮明になった。インフレの加速

表 5-2　普通国債残高，利率加重平均，一般会計利払費等の推移

（兆円）

年度	普通国債残高	利率加重平均	一般会計利払費	平均残存期間
2004 年度	499.0	1.54%	7.3	5 年 1 カ月
2005 年度	526.9	1.42%	7.0	5 年 4 カ月
2006 年度	531.7	1.43%	7.0	5 年 9 カ月
2007 年度	541.5	1.41%	7.4	6 年 1 カ月
2008 年度	545.9	1.40%	7.6	6 年 3 カ月
2009 年度	594.0	1.36%	7.7	6 年 5 カ月
2010 年度	636.3	1.29%	7.9	6 年 8 カ月
2011 年度	669.9	1.24%	8.1	7 年 0 カ月
2012 年度	705.0	1.19%	8.0	7 年 3 カ月
2013 年度	743.9	1.15%	8.6	7 年 7 カ月
2014 年度	780.4	—	10.1	—

注：2013 年度の普通国債残高，利率加重平均及び平均残存期間は実績，一般会計利払費は補正予算ベース．2014 年度の普通国債残高，一般会計利払費は当初予算ベース．
出典：財務省「債務管理レポート 2014」

により、日銀という巨大な長期国債の買い手が国債市場から退出する気配が見えたときに、市場参加者が国債の供給過剰に直面し、パニックが起きないか、というのが大きな問題になる。

日本の政府純債務残高は主要国の中で突出して高い。また、激しい債務危機に直面したイタリアの政府債務残高の対GDP比が安定的であるのと対照的に、ほぼ一貫して債務残高比率が高まり続けている（**図5-1**）。しかし、日本では財政への危機感は比較的薄い。

それはこれまでのところ、政府債務残高が増加するなかでも政府の利払負担があまり増加しなかった、というより、むしろ長期にわたって減少し、その後も比較的安定的な推移を続けてきたことによる。金利が低下し続ける中で、高い金利で発行した国債の満期が来ると、より低金利の国債に借り換えることができた。これに伴ういわゆる金利低下ボーナスが利払費を押し下げ、債務残高増加

表 5-3　2015 年度以降の金利変動が国債費に与える影響(財務省試算)

（単位：兆円）
（　）は「国債費」の額

金　利 (下記の前提からの変化幅)	27 年度 (2015 年度)	28 年度 (2016 年度)	29 年度 (2017 年度)
+2%	2.0 (26.8)	5.0 (32.0)	8.1 (37.5)
+1%	1.0 (25.9)	2.5 (29.5)	4.1 (33.6)
−1%	▲1.0 (23.9)	▲2.5 (24.5)	▲4.0 (25.4)

注：試算の金利の前提は，2014 年度は予算における積算金利，2015 年度以降は市場に織り込まれた金利の将来予想を加味した金利.
出典：財務省「債務管理レポート 2014」

の影響を相殺してきたからである(**表5-2**)。

金利上昇が利払費に与える影響

このように金利低下は政府債務の持続性を高めてきたが、その分、ゼロ金利政策を概ね維持し、金利低下ボーナスを通じて財政の持続性に貢献してきた金融政策がインフレの行き過ぎを抑えるためにゼロ金利から離脱する方向に金利政策を転換すると大きな影響がありうる。

表5-1の試算にみるようにインフレ率が二%なら、二〇一四年末時点でゼロである政策金利は二・五%程度が理論値になる。これに、現在、長期国債の大量購入で政策的に押し下げられている長期金利への上乗せ分(ターム・プレミアム)が一%程度に戻ることを想定すると、二〇一四年一一月現在で〇・四%台の長期金利は三・五%程度にまで上昇することになる。

金利水準の上昇をこれよりかなり控えめにみて、全体で二%上昇すると想定すれば、最終的な政府の利払い増加額は一五兆円程度になる。これは、大雑把にみて、現在、八%に到達した消費税の税収約一六兆円程度とほぼ同じ、金利が三%上昇すれば、利払い増加額は二三・五兆円、消費税一一―一二%分の増税額に相当する。ただし、最終的、と書いたように、これだけの利払費増が直ちに生じるわけではなく、利払費は徐々に増加する(**表5-3**)。表5-2で示されているように、二〇一三年度で普通国債の平均残存期間は、七年七カ月とされており、既に発行されている国債は、変動利付債等一部のものを除く大半は満期が来るまでは低金利のままであり、満期が来たものから順次、金利が上昇することになるため金利負担は徐々に増加するからである。他方、ここでは「封筒裏の計算」として、単純に直近の債務残高に金利の上昇分をかけた数字を挙げている。しかし、実際には、債務残高は今後も雪だるま式に増え続けることが避けられないため、長期的な影響は、ここでの数字よりもはるかに大きくなる。第一章でもふれたように、財務省は二〇一五年二月に、国債の平均利率が二〇一五年度の約一・三%から二〇二四年度の約二・四%に上昇した場合に、二〇二四年度の国債の利払費が二〇一五年度の二・四倍の約二五兆円になるとの試算を公表している。利払費の増大を増幅しているのはこの間の債務残高の膨張である。

インフレ率上昇では基礎的財政収支は改善しない

インフレ目標が達成され金利が上昇することは、当然に財政を圧迫する。これに対し、物価が上昇することで税収が増加することに期待する議論も見られる。しかし、物価上昇率が高まれば、税収は増加するが同時に歳出も増加する。

財政状況を示す重要な指標のひとつに基礎的財政収支(プライマリー・バランス)がある。この指標

表 5-4　物価上昇が基礎的財政収支に与える影響

	①歳出の弾性値(注 1)	②歳出と歳入の比(注 2)	③歳入の弾性値	収支改善条件(注 4) ①×②－③
国(一般会計)	1 弱	2 程度	1 強	×
一般政府	1 弱	1.3	約 1(注 3)	×

注 1：歳出の弾性値は社会保障支出と非社会保障支出の加重平均(国は 1：2，一般政府は 1：1).
注 2：国(一般会計)は 2009, 10 年度の実績の平均，一般政府は 2009 年度の実績に基づく.
注 3：税収の弾性値に加え，社会保険料の弾性値を考慮.
注 4：収支改善条件については，可能性が低いものは「×」，高いものは「○」とする.
出典：内閣府(2011)

は、国債費を除く歳出と税収・税外収入との収支を表す。国債費は国債の元本返済や利子の支払いにあてられる費用であるから、要するに、歳出を税収等でどれだけまかなえているかを示す指標である。

基礎的財政収支が改善するためには、一定の物価上昇率に対して歳入がどれだけ増加するかという歳入弾性値が十分大きい必要がある。具体的にはその値が歳出の弾性値に歳出／歳入比率をかけたものよりも大きくないと、物価が上昇しても基礎的財政収支は悪化する。日本のように基礎的財政収支が大幅な赤字の場合(だから国債依存度が大きい)には、歳出／歳入比率が一を大きく上回るため、それだけ歳入の弾性値が大きくないと物価上昇が基礎的財政収支の改善にはつながらない。

この点については、内閣府が二〇一一年一〇月に取りまとめた「経済成長と財政健全化に関する研究報告書」(内閣府 二〇一一)が詳しく検討している。

その中に、インフレが利子の受払いを除いた基礎的財政収支へどのような影響を与えるかの分析が示されている。

物価上昇が歳入に与える影響については、物価上昇に対する税

表 5-5　実質成長が基礎的財政収支に与える影響

	④歳出の弾性値(注 1)	②歳出と歳入の比(注 2)	③歳入の弾性値	⑤収支改善条件(注 4) ④×②−③
国(一般会計)	0.2 弱	2 程度	1 強	○
一般政府	0.2 弱	1.3	約 1(注 3)	○

注 1-4：表 5-4 と同じ.
出典：内閣府(2011)

収弾性値は収入のほとんどが税収である国の一般会計では一をやや上回る一方、歳入の三分の一強が保険料である一般政府(国と地方を含めた公的部門全体)のベースではそれより低くなっている。他方、歳出については社会保障支出及び非社会保障支出を推計し、その加重平均を計算して、国の一般会計、一般政府ともに一を少し下回る程度の弾性値を想定することが妥当、としている。さらに、歳出と歳入の比については、一般政府で見ると、歳出は歳入の約一・三倍、国の一般会計では国債費を除く歳出は税収の約二倍になっていることを指摘している。

これらの条件に照らすと、基礎的財政収支は、国の一般会計では収支改善条件が満たされる可能性は低くむしろ悪化するものと考えられ、一般政府の場合も悪化する可能性が高い、としている(**表5-4**)。

これに対し、実質成長率が高まれば、基礎的財政収支は国の一般会計も、一般政府についても改善する可能性が高い(**表5-5**)。したがって、金融政策が基礎的財政収支改善に寄与するかどうかはデフレから脱却するかどうかではなく、潜在成長率の天井を引き上げていけるか、という前章で扱った成長戦略の問題に帰着する。

こうした試算結果は弾性値の想定に依存し、それは税制改革や社会保障改革など制度的要因の影響を大きく受ける。その意味で、この試算は一つの参考事例に過ぎないが、実質成長率が高まらずに、物価だけデフレから脱却しても基礎的財政収支は改善しない可能性が高い。

以上の観点からすると、財政収支の持続性の観点からは、二年間で二％のインフレ目標達成、というように急角度でインフレ率を上げていくリスクは大きい。第二章でみたように、実際には、これまでのところ潜在成長率は量的・質的緩和のもとでも、むしろ低下してしまっている。日銀が「二年間に二％」と大見得を切ったメンツにこだわってアクセルを踏み続けると、二％の目標達成時には潜在成長率対比で実質金利が低すぎ、インフレを加速しすぎるリスクが大きい。そうなってしまってから、インフレの行き過ぎを抑えるために急ブレーキをかけると財政が不安定化してしまう。

2 非伝統的金融政策と民主主義の矛盾をどう解決するか

金融政策の財政政策化

リーマン・ショック以降の金融危機により非伝統的金融政策が発動され、金融政策と財政政策との境界が曖昧になったことは欧米でも一部で強く懸念され始めている。そのことは、第一章で取り上げた金融政策正常化の障害についての国際決済銀行の懸念にも表れている。

金融政策と財政政策の領域が曖昧になることは、中央銀行の独立性の基礎を突き崩していく。民主主義社会における中央銀行の独立性は、中央銀行が金融政策を運営するにあたって、他の政策目的と手を切って物価安定に専念することが前提になっているからだ。

アルゼンチン中央銀行の総裁であったマリオ・ブレジャーは、中央銀行の独立性の基盤は脆弱になっている、とし、その真の理由は、独立性を支持する二つの論拠がもはや失われたからだ、としている(Blejer 2013)。彼の挙げている中央銀行の独立性の第一の論拠は、それがなければ、政治家は長期的なインフレを顧慮せず、選挙目当ての短期的刺激効果を得るために拡張的金融政策を遂行することができる、というものであり、第二の論拠は中央銀行が金融問題に比較優位を持っているので、彼らを信じて独立に目標を追求させることができる、というものである。彼の第二の論拠は、裏を返せば、独立性の高い中央銀行は財政や雇用など、比較優位を主張できない他の領域に踏み込んではならない、ということになる。

この点に関連して、高名なマクロ経済学者でもあるチャールズ・プロッサー・フィラデルフィア連銀総裁の懸念をみてみよう。二〇一二年版のフィラデルフィア連銀の年次報告書の序文で、彼は金融危機後の各国中央銀行の対応を振り返り、金融政策と財政政策の間の境界が曖昧になったことに強い懸念を表明している(Plosser 2012)。

この時期、各国政府は中央銀行に対し、金融政策の境界線を乗り越えるように強くプッシュし、中央銀行も、以前であれば独立性が与えられている以上は立ち入ることができないと考えられていた領域にあえて踏み込んでしまった、とする。プロッサー総裁の懸念はそれが中央銀行の物価安定へのコミットメントを弱めることである。

政府が高いインフレ率を作り出すよう中央銀行をプッシュするのは、それにより政府部門と民間部門の名目債務残高を実質的に減価させるためであり、このような「インフレ税」は資金の貸し手から借り手へ富を移転させることになる。彼は、もし、この種の強制的な所得再配分が行われるのであれば、それはきちんとした政治的なプロセスを経て財政当局によって行われるべきものであり、中央銀行によって裏口からこっそりと行われるべきものではない、とする。そして、金融政策当局と財政当局の「協調」や「協力」こそが望ましい、と捉える見方が現在の流行だ、と認めたうえで、金融と財政の境界線が設けられたのはそれなりに理由があり、それを無視することは、命とりになりうる、と主張する。

持続不可能な財政政策のもとでの物価安定はありえない

一見するとブレジャー元総裁やプロッサー総裁の懸念は、まだ日本にはあてはまらないようにみえる。二〇一四年末現在では、日本のインフレ率は目標値を下回っているし、日銀は二％の目標インフレ率を達成したあと、それを安定的に維持することを標榜しているからである。財政の持続性確保は政府の仕事である、と突き放してインフレ目標達成後はそれを安定化させることに専念すれば、独立性の正当性を主張できるように見える。

しかし、その道を実現するのは極めて困難である。理由は二つある。第一の理由は、物価安定は金融政策だけでは達成できないからである。物価安定の実現には、金融政策運営だけでなく、もう一つ重要な前提がある。財政当局が中央銀行の物価安定達成を尊重できることである。

この問題は、前著(翁 二〇一三c)で詳しく論じたが、ここでは、金融政策論の大家であるカール・ウォルシュ(カリフォルニア大学サンタクルーズ校)の見解をみてみよう(Walsh 2011)。ウォルシュは、中央銀行の独立性についての議論の大半が、中央銀行が独立性を持てばインフレ目標を達成できることを当然視している、と述べる。その際、財政当局の物価安定への協力が暗黙に想定されていることは軽視されがちだ。問題は、財政当局がインフレ目標を容認できなければ、中央銀行はそのオペレーション上の独立性の度合いにかかわらず最終的に目標達成に失敗する、ということである。

サージェントとワラスによる一九八一年の有名な共著論文(Sargent and Wallace 1981)は、放漫財政が、結局、中央銀行に政府の財政をファイナンスすることを強いることになることを再確認させた、とする。ウォルシュは、この事実についてバーナンキが論文(Bernanke 2005)で使った表現を借りて「インフレ目標政策をふくめ、どのような金融政策レジームも、持続不可能な財政政策のもとでインフレ率の引き下げに成功することはありえない」という説明も加えている。

量的・質的緩和と高橋財政との比較

金融政策と財政政策との連携という観点でよく持ち出されるのが、高橋財政である。そこで量的・質的緩和と高橋財政を比較してみよう。

リフレ政策の成功例とされる高橋財政は、一九三〇年代の初めに、高橋是清蔵相のイニシアチブにより日銀が国債を引き受け、それによる積極財政が不況脱出に寄与した、と評価されている。他方、結局、戦費膨張の歯止めを失わせ、戦争拡大と高率のインフレをもたらした、との批判も存在する。

高橋財政では、日銀が国債引受を実施したのに対し、量的・質的緩和では、日銀が国債を直接は引き受けず、いったん銀行が購入したものを買うという手順を踏んでいる。高橋財政と異なり、国債直接引受という「一線を超えていない」から、量的・質的緩和は高橋財政のような財政ファイナンスにはまだ踏み込んでいない、という認識が一般的であると思われる。しかし、財政ファイナンスという観点からは、量的・質的緩和の方が高橋財政成功期よりも深入りしている状況にある。

高橋是清は、なぜ日銀による国債引受を決断したのか。当時、国債市場は現在のように発達しておらず、国債の市中売却では財政支出を迅速かつ円滑にファイナンスすることはできなかった。この状況で、高橋蔵相は、とりあえず日銀に未発達の金融市場を代替する機能を果たすことを期待したのである(白川 二〇一一、池尾 二〇一三)。

実際、日銀は、とりあえず国債を引き受けて円滑な財政支出を実現した。そのうえで引き受けた国債を徐々に金融機関に売却することで、日銀による財政ファイナンスを回避した。島謹三は、日銀が国債引受を開始した一九三二年一一月から一九三五年末までの間で、日銀の国債引受額二七億六〇〇〇万円の九〇%に相当する二四億八〇〇〇万円が売りオペで金融機関に転売され、日銀の国債引受分の九〇%は民間金融機関の資金で最終的に賄われたことを指摘している(島 一九八三)。国債引受により機動的に財政面からの景気刺激を図る一方、売りオペを行い、日銀の国債保有残高やマネタリーベースを大きく増加させない。これが高橋財政成功期の姿であった。

売りオペ困難化による高橋財政の行き詰まり

こうした関係が崩れたのは国債が円滑に消化されることで財政膨張に歯止めがかからなくなり、他方で金融機関への売りオペが困難化していったことによる。高橋蔵相は、一九三三年頃までは、積極財政による景気刺激とそれに伴う自然増収により財政均衡を図る、との立場を維持していたが、一九三四年から三五年にかけて民間金融機関への国債転売がうまくいかなくなり、悪性インフレ論が高まる中で政策姿勢を転換、国債漸減方針を打ち出し、国民の理解を求めるため、一九三五年の六月、七月と二度にわたって声明を出した。ちなみに第二次声明の骨子は以下のようなものである。

> 昭和七年度以来、毎年相当巨額の公債の発行にもかかわらず、今日までのところ幸に、その運用は理想的に行われ、いまだ公債に伴う実害を発生しておらず、かえって金利の低下や景気の恢復に資せるところが少くない。世間の一部にはこの効果に着目し、公債はなにほど発行しても差支えなきものであるかのごとき漠然たる楽観論を懐いているものもあり、また……どしどし公債を増発して国家の経費を大に膨張せしむべしと説くものもあるようである。しかしながら、〔これらの説は〕最近の各国の高価なる経験を無視する議論である。そもそも昭和七年度以来の公債政策が円滑に運行されたことについては重大なる原因がある。すなわち、……公債の発行額が民間産業資金等との関係上、金融機関の消化能力の範囲内に止るを得たること、〔中略〕ならびに通貨の統制が理想的に行われ、物価および外国為替相場は安定し、ひいてはわが国近時の産業貿易の異常なる進展に資したること等をもって根本原因とみなければならぬ。……借金政策の永続すべからざることは当然である。公債増発に伴って利払費は漸増し、租税その他の収入もその利払に追わるる結果となるであろう。〔中略〕かくのごとき状態になると、国家財政の信用を維持しがたく、公債の消化は行詰り、結局、印刷機械の働きにより財源の調達を図らざるを得ざるに至る

のであって、かくていわゆる悪性インフレーションの弊は必至の勢となるであろう(島(一九八三)の脚注三三による。傍点、引用者。ただし、表記を現代仮名遣いに改め、一部の漢字を平がなに直している)。

高橋蔵相は、その後も財政膨張を防ごうと努力するが、二・二六事件で暗殺される。一時の便法であったはずの国債引受は恒久的な財政ファイナンスの手段に転化した。

量的・質的緩和は高橋財政末期以降の財政ファイナンスに近い

量的・質的緩和はどうだろうか。高橋財政とは逆に、発達した金融市場が存在するから、入り口での国債引受は回避されている。しかし、発行された新発債の大半は、銀行を一瞬経由したあと日銀が買い、財政資金は最終的に日銀によって拠出されている。銀行が将来の値下がりリスクの高い長期国債を大量に購入できるのも直後の日銀買いオペという対岸があるからである。非伝統的金融政策の「正常化」で日銀に求められる姿は、むしろ高橋財政成功期の姿と重なる。日銀は、財政の円滑な執行を維持しつつ、財政と金融を分離する、という重い課題を背負っているのである。

しかも、現在の日本経済は、公債発行額が金融機関の消化能力の範囲内にとどまった高橋財政の成功期と違い、超高齢化の進行により民間貯蓄が減少し、社会保障費が増大する、というトレンドに直面している。これらはいずれも国債の民間消化能力を低下させる方向に作用する。これに、インフレ率が高まることで実質金利が低下し設備投資が刺激されて民間資金需要が高まる、といった日銀的シナリオを付け加えると、銀行の国債購買意欲は一段と低下し、国債消化状況は一段と厳しくなるだろう。

クルーグマンの消費税率引き上げ先送り論

財政の持続可能性と関連して、二〇一五年一〇月に予定されていた日本の消費税率引き上げの先送りを強く主張し、安倍政権の背中をその方向に押した立役者とされているポール・クルーグマンの議論を見ておこう。二〇一四年一一月一六日のブログで彼は、以下のように述べている。

消費税率引き上げの先送りを懸念する理由はなにか。それは、日本が信認を失うことであろう、と思われる。それは、ありそうにないことだ。日本が消費税率を永遠に引き上げない、ということはありえないだろうから。しかし、たとえその懸念が正しいとしても、日本にとっては信認を失うことが望ましいのだ。投資家が国債の利払いに必要な増税を日本はしないだろう、と結論付けたとしよう。彼らは何が起きる、と考えるだろうか。デフォルトではありえない。日本はデフォルトする必要はない。なぜなら、日本は負債を自国通貨で支払えばよいからだ。投資家が恐れる可能性があるとすれば、マネタイゼーションだ。円を印刷して財政赤字を穴埋めすることだ。それは、インフレをもたらすだろう。したがって、財政についての信認喪失は将来のインフレを期待させる。しかし、アベノミクスは、人々にデフレよりもインフレを期待させようと努力している。信認を失うことがなぜ問題なのだろうか。

以前から、クルーグマンは、日本は信認の低下による急激な円安も歓迎すべきだ、と主張している。信認の低下や円安の進行によって彼が期待しているインフレは日銀が標榜しているたかだか二％程度のインフレではないから、インフレへの歯止めの問題は出てこない。クルーグマンが望ましいと考えるのはより高率のインフレであり、それによる大幅な実質金利の低下である。理論的にはそれは消費を刺激し総需要を拡大させるはずで、デフレ脱却にはそれが必要だ、と彼は考える。日本におけるGDPギャップは極めて大きい筈と考え、二％のインフレ目標にこだわる中央銀行の「臆病さ」こそがデフレ脱却を挫折させかねない、と懸念しているからだ。この点で彼の主張は一貫している。しかし、黒田総裁らの主張とは大きく異なる。

民主主義との軋轢——米国の例

インフレ目標達成に専念することだけでは中央銀行の独立性の正当性を主張できなくなる第二の理由は、大規模な非伝統的金融政策の発動による、金融政策の財政政策化が民主主義と矛盾するからである。

ウォルシュの議論でもう一つ興味深いのは、米国における非伝統的金融政策と民主主義の軋轢に関する議論である。そのきっかけは、リーマン・ショック後に発生した金融危機の際に市場参加者が安全資産に殺到したことによる。このとき、通常は国債しか買わない連邦準備制度が、民間の資産を買ったり、民間部門に対して直接貸出を行ったりして中央銀行当座預金を提供し、安全資産への需要増加を満たした。

ウォルシュは、これが中央銀行による財政政策上のオペレーションであることを指摘し、それが実施できた理由の一部は、連邦準備制度が独立性を謳歌しているからである、と述べている。連邦準備制度が独立性を持っているために、議会審議経由ではタイムリーに実施することが困難そうな政策が実現できた、としている。

しかし、独立性が中央銀行に与える柔軟さは、中央銀行の独立性を脅かすことになる。米国では、危機前にはこうした問題が明確には認識されていなかったため、議会は連邦準備制度の行動の財政政策的性質に対し当然の疑問を呈することになった、とする。

むろん、危機時には、中央銀行が信用緩和のような財政的オペレーションを機動的に実施することは適切でありうる。ウォルシュはそのことを批判しているのではない。しかし、この柔軟性は、中央銀行が選挙で選ばれた人たちの承認を得ずに行動をとってしまうことができる、ということと裏腹だ。ウォルシュは米国の政治システムでは、それが中央銀行の独立性を長期的にみて深刻な脅威にさらすことになりうる、とみる。それが大規模なものであるほどこの矛盾は表面化しやすくなるだろう。

民主主義と非伝統的金融政策——福井総裁の整理

民主主義と非伝統的金融政策の矛盾は、連邦準備制度よりも日銀の方がはるかに深刻である。どの中央銀行よりも財政政策領域に踏み込んできた結果、潜在的に民主主義社会の中央銀行としてどの国よりも「分を超えた」状況にあるからだ。

日銀は、最も早く非伝統的金融政策に踏み込んだから、長年、そのことを強く意識し悩んできた。

その具体例として、福井俊彦総裁(当時)が二〇〇三年六月に日本金融学会で行った「金融政策運営の課題」という講演をみてみよう(福井 二〇〇三)。

この時期は、事後的にみると日本経済は前年の初めに景気後退が底を打ち、以降、徐々に景気は回復しており、その後も息の長い景気回復局面が続いた。だが、景気回復の実感には乏しく、福井総裁に対しても非伝統的金融緩和の強化を求める声が強かった。この講演で福井総裁は、日本経済は厳しい状況にある。それだけに、日銀としては、持続的経済成長軌道への復帰に役立つものであれば、あらゆる可能性を排除せずに真剣に検討しなければならない、と宣言する。

日本銀行はどのような資産を買い入れるべきか、また買い入れるべきでないのか。福井総裁は、まず二つの視点を挙げる。第一の視点は、緩和効果が具体的にどのように経済のすみずみに伝わるか、であり、第二の視点は、日本銀行による当該資産の買い入れが市場機能を歪めないかどうか、ということである。

ここで福井総裁は、当時、日銀がはじめた資産担保証券買い入れについて、マーケットの価格形成を歪めることへの懸念にふれる。クレジット・スプレッド(証券の信用度を反映した安全資産との金利差)がリスクを反映しなくなった場合には信用供給は増加せず、金融緩和効果が却って阻害されかねない、というのである。

この章の主眼である民主主義社会における中央銀行の独立性に絡む問題はこの文脈で登場する。資産担保証券の買い入れを日本銀行が実行すれば、クレジット・リスクの世界に、足を一歩踏み入れることとなるが、それは、日本銀行の自己資本毀損の可能性を孕む問題だ、と指摘したのである。

日銀は、すでに銀行保有株式の買い入れに踏み切っていた。その時から、中央銀行の使命達成上どうしても必要と判断される場合には通常では考えられないほど高いリスクをとることも敢えて辞さないとの決意を固めている。しかし、同時に、これには限界がある、財務の健全性を毀損しない範囲内に止めなければならない、そういう方針も確立している、と福井総裁は述べている。

財政政策と金融政策の「境界標識」としての自己資本

福井総裁は、中央銀行が財務の健全性にこだわることに対し、経済学者の中に異論があることも認識している、とする。一部の経済学者の言うように、確かに、中央銀行は、銀行券を発行できるのだから、仮に債務超過に陥っても商業銀行のように破綻することはなく、業務は継続できるからだ。それなら、なぜ自己資本基盤の健全性にこだわるのか。中央銀行が自己資本基盤にこだわるのは、必ずしも純粋に経済理論的な動機に立脚しているからではなく、それは、むしろ、より広い政治経済学的な知恵だからだ、とする。つまり「中央銀行は与えられた自己資本の範囲内でリスクをとるべき」という箍《たが》を外すと、途端に、中央銀行の機能と政府の機能との境目が不明確になってしまう、というのである。福井総裁は、この議論をさらに推し進めて行くと、最後に、民主主義社会における中央銀行のあり方、という本質的な問題に到達する、と述べている。

民主主義の枠組みと中央銀行行動の機動性との調和

福井総裁は中央銀行が大きなリスクをとっていろいろな資産を購入する場合生じる、二つの問題を指摘する。第一は、中央銀行収益減少に伴う納付金削減である。これは、最悪の場合損失補塡のための政府出資を通じて納税者の負担につながる。第二は買い入れ資産の選択如何によってはミクロの資源配分にも影響を与える可能性があることだ。

それは、結果的に中央銀行が財政政策の領域に非常に近いところへ入り込んでしまうことを意味する。民主主義国家においては、国民の税金は、議会の予算承認を経て、財政支出という形で使われるのが一般的ルールであり、市場メカニズムによらない政策的な資源配分は、基本的に政府の役割になる。そうである以上、リスク資産の買い入れには、中央銀行自身が節度を持って臨むことが大切になる。福井総裁はこう指摘する。

しかし、こうした問題に対し明確かつ機械的な線引きを行うことは、難しいことも事実である。損失を生むオペレーションは、一切、認められないということになると、極端にいえば中央銀行は、短期の国債しか買えないことにもなりかねず、必要な政策を果断に実行することが出来なくなってしまう。平時の金融政策はそれでよいかもしれないが、危機時にはそれではすまないだろう。

この点について、福井総裁は、結局、中央銀行は、やや長い目で見て適正な自己資本の水準を保つことを目途とし、その範囲内で情勢に即して機動的に行動すべきなのではないか、実際、そういうプラクティスが多くの国で確立してきているのではないか、とする。中央銀行は国民の理解を得て、ある程度のリスクをとり機動的に行動する、そしてリスクをとった結果、自己資本が低下した場合にはそれを回復させる行動に支持を求める、そうした形で民主主義の枠組みと中央銀行行動の機動性との調和が図られて行く、ということになるのではないか。これが福井総裁のこの時点の結論である。

表5-6　日本銀行の自己資本推移

（単位：億円）

	23年度末	24年度末	25年度末	前年度末比増減	（参考）25年度上半期末
資本勘定(A)	27,127	27,415	28,863	+1,448	27,415
資本金	1	1	1	—	1
法定準備金等	27,126	27,414	28,862	+1,448	27,414
引当金勘定(B)	30,378	33,396	36,493	+3,097	34,914
貸倒引当金(特定を除く)	—	—	—	—	—
債券取引損失引当金	22,433	22,433	22,433	—	22,433
外国為替等取引損失引当金	7,945	10,963	14,060	+3,097	12,481
自己資本残高(A)+(B)=(C)	57,505	60,811	65,357	+4,545	62,330
銀行券平均発行残高(D)	796,464	815,695	844,116	+28,421	832,783
自己資本比率(C)／(D)×100	7.22%	7.45%	7.74%	+0.29%	7.48%

注1：法定準備金等には特別準備金(1300万円)を含む．
注2：自己資本残高については，円単位での計算後，億円未満を切り捨てているため，表中の計算結果と必ずしも一致しない．
出典：日本銀行「平成25年度業務概況書」

日銀の自己資本の現状

以上の議論を踏まえて、日銀の自己資本は現在どうなっているかみておこう。二〇一三年度の業務概況書をみると、二〇一四年三月末時点で日銀の引当金、資本金、準備金勘定の合計は約六兆五〇〇〇億円となっている(**表5-6**)。

次節では、この自己資本と金利上昇局面における国債価格下落の損失を対比する。ただし、量的・質的緩和のもとで、日銀の自己資本は国債価格下落による損失のためだけのバッファーに使えるわけではない。例えば、二〇一四年八月現在で、上場投資信託(ETF)を含めて、日銀が保有する株式の時価は約七兆円に達する。さらに二〇一四年一〇月の追加緩和でETFの保有残高が年間約三兆円に相当するペースで増加するよう買入れを行う、としている。しかし、ETFは、国債に比較して価格変動性が大きい。

例えば、白川前総裁は「包括緩和」導入翌月の二〇一〇年一一月五日の記者会見でETF、J-REITのリスク量は、米国の五年国債の約一三倍に相当すると指摘している。したがって、控えめにみても、長期国債一〇〇兆円保有に相当するリスク量を抱え、さらにそれを拡大していることになる。

3 日本銀行の潜在損失は民主主義と両立するか

量的・質的緩和の潜在損失の規模と自己資本の規模の比較

とりあえず、質的緩和のリスクは脇に置いておくことにして、次に、金利上昇局面でどのような損失が生じるかを検討してみよう。この点については、詳細なシミュレーションを行った論文も出始めている(岩田ほか編(二〇一四)など)。しかし、ここでは深尾(二〇一四)を出発点にする。これは、本書での基本的アプローチである「封筒裏の計算」タイプのもので、簡明で見通しがよいことによる。

日銀は消費者物価の前年比上昇率を二〇一五年の初めまでに二%に引き上げることを目標にしている。深尾氏は、この目標は消費税増税の効果を除いたものだと説明されているので、目標が実現されれば、マスコミに報道される消費税の影響を含んだ物価上昇率は、二〇一五年の一—三月に四%前後に達することになる、としている。現実には、日銀が二年以内に二%のインフレ目標を実現することは本書執筆時点ではほぼ不可能とみられるが、いずれ、消費税増税の効果を除いた物価上昇率が継続的に二%前後まで上昇すれば、長期国債金利は少なくとも三%台に乗ると見込まれる、という深尾氏の議論の前提は、この章の第一節の議論に照らしても妥当だろう。

長期金利が上昇すれば、日銀が保有する国債価格は下落し日銀は損失を被ることになる。深尾氏はその規模を以下のように概算している。日銀は二〇一四年末までに長期国債保有額を一九〇兆円にまで引き上げ(深尾論文執筆後の追加緩和でこの数字は大きく上振れることになった)、平均残存期間も今回の緩和開始時の三年弱から七年程度まで延長すると発表している。仮に長短金利が二%上昇すれば、平均残存期間七年の日銀保有国債の時価は、約一四%低下し、日銀の損失は二六兆円程度になる、としている。

一九〇兆円×デュレーション七年×二ポイント金利上昇＝約二六兆円の損失

というのがこの概算の根拠である。デュレーションは、債券の金利に対する価格感応度であり、金利が上がると債券の理論価格は下がる。デュレーション七年の場合、金利一%の上昇で債券価格は約七%下落する。このため金利二%の上昇で二六兆円の損失、ということになる。

この計算では損失の規模は自己資本の四倍になる。

日銀はインフレ目標達成までこの緩和を続ける、としていたが、深尾論文が公表された後、日銀は追加緩和に踏み切った。これを踏まえ、日銀が年間八〇兆円のペースで長期国債保有残高を増やせば、二〇一五年末には二七〇兆円強になる。デュレーションも伸ばすとしているが、七年のままでも、二ポイントの長短金利上昇による損失は約三八兆円、自己資本の六倍弱、とさらに巨額になる。

ただし、日銀の会計規程では、有価証券の評価基準及び評価方法に時価評価を採用していない(円貸建債券及びコマーシャル・ペーパー等及び短期社債等の評価は、償却原価法により行う、となっている)。したがって、この損失は、すぐこのままの数字で表面化するものではない。どのような形で表面化するかは、日銀がどのような形でゼロ金利から離脱するか、で異なってくる。この点はやや技術的な議論になるので、詳細は本章の補論に回した。興味のある方はご覧いただきたいが、大まかにいえば、有力な方法は三つある。

第一の方法は国債の売りオペにより日銀当座預金を吸収し、その貸借金利をゼロ以上に誘導できるようにすることである。教科書的にはもっともすなおな方法だが、日銀の損失が直ちに表面化する、日銀が大量に国債を売却すると国債市場が崩壊する、日銀の保有国債は値下がりしているから全額売却しても超過準備を吸収しきれない可能性がある、などさまざまな理由でもっとも非現実的である。この場合の損失は、原理的にはベンチマークの評価損に一番近くなりそうにみえるが、売却開始のタイミングでの金利水準とそこからの跳ねあがり(国債市場でどの程度のパニックが起きるか)、日銀券の動向など、不確実性は極めて大きい。

第二の方法は、国際決済銀行が示唆していた準備率を操作し金利が付かない所要準備を思い切って引き上げることで、超過準備を減らし、金利をゼロ以上の水準に誘導できるようにすることである。この方法では、民間金融機関へ日銀の損失を転嫁するかたちで、日銀の損失が減り国庫納付金も保てるから、国会・一般国民には受け入れやすく、政治的には魅力的である。しかし、これは金融機関への大規模な課税措置で日銀が損失を免れることになり、財政民主主義の観点からは一番問題が大きい。準備預金制度に関する法律でも、金融機関経営への影響に配慮することが求められており、大規模な準備率引き上げには問題がある。

第三の方法は、補完当座預金への付利である。これは、超過準備を巨額に維持したまま、これに対して払う金利を引き上げる。それで政策金利を誘導する、という方法である。日銀当座預金は二〇一五年末には二七〇兆円に達すると見込まれる。その残高を維持し、超過準備分に誘導目標金利を払うことになる。この場合、利払いは誘導目標金利水準に依存するが、金利を一％に誘導した時点で、一年間で日銀の自己資本総額の約四割にあたる二・七兆円になり、長期にわたって、こうした利払いを続けることになる。第一の方法と異なり金融市場の混乱を避けられ、第二の方法のような理不尽な課税ではない、ということではもっとも筋がよい対応だが、この場合、長期間、国庫納付金を納める代わりに金融機関に利子を払う、ということになり、取り上げられ方によっては国民が不公正感を抱くことになりかねず、国際決済銀行が懸念するように政治的なリスクをはらむ。したがって、この方法を実現するためには、その正当性を金融正常化以前の早い段階から、国民に説明しておく必要がある。

財政民主主義の観点から中央銀行による所得再配分はどこまで認められるか

第二、第三の方法とも、単独では巨額なので、これらを組み合わせて、金融機関への負担と国民への負担に振り分けることも考えられる。しかし、選挙の洗礼を受けていない中央銀行のような組織が、その裁量で国庫納付金と民間金融機関への負担配分について判断を下すことは大きな原理的問題をはらむ。

実際には、日銀は財務省と綿密に協議するであろうし、そもそも大規模な金融緩和は政府が要望した政策であるから、政府は日銀の損失を容認するはずである。しかし、プロッサー総裁の議論にもあるように、大規模な所得再配分は、きちんとした政治的なプロセスを経て財政当局によって行われるべきものであり、中央銀行の政策によって裏口からこっそりと行われるべきものではない。
日本国憲法第八三条は、「国の財政を処理する権限は、国会の議決に基いて、これを行使しなければならない」と規定している。

財政民主主義の観点からすれば、これだけ巨額の所得再配分の可能性が容認されるべきかどうかは、本来、議会が判断すべきことである。例えば、なんらかの税収不足を補うため、金融機関に毎年二兆円課税しようとすれば、そのための法律は当然議会の審議を必要とする。準備預金制度による準備率引き上げや補完当座預金の利払いによる移転はプロッサー総裁が懸念するインフレ以上に明示的な所得再配分である。準備預金制度という裏口を使う実質課税と中央銀行当座預金への利息の支払いをどう組み合わせるか、という判断は、それが巨額になれば、中央銀行の裁量の範囲内として容認されるべき、とは言えなくなる。このことは、むろん、中央銀行による非伝統的金融政策による損失は一切避けるべきだ、ということではない。そうした箍をはめることは、金融政策の機動性を致命的に失わせかねない。しかし、中央銀行の独立性は無制限に損失を出し、それを誰に負わせるかを勝手に決めてよいという制度であるはずがない。

黒田総裁の説明

この問題についての黒田総裁の発言は限られている。量的・質的緩和を決定した二〇一三年四月四日の記者会見では、日本銀行の国債やリスク性資産の保有が増えることに伴い、例えば国庫納付金を納められないなど、いくつかの問題が生じると思うが、政府との間で損失補塡の条項を結ぶというようなお考えはあるか、と問われたのに対し、次のように答えている。

いわゆる「出口」の際、色々な長期国債を持っていた場合にリスクがあるという問題はご指摘の通りですが、具体的に、それが直ちに日本銀行の損失になるということではないと思います。記者の方がおっしゃったように、国庫納付金がどういうレベルになるかには影響があるかと思います。もちろん、長期国債の価格が下落するとか、長期国債の金利が上がることは、リスクとしてはあるわけですが、それが直ちに日本銀行の損失につながるということではないわけです。

この時点では黒田総裁は日銀の損失の発生自体に否定的で、政策決定時には、日銀の損失問題は、念頭になかったのではないか、と推測される。その七カ月後の二〇一三年一一月二一日の記者会見での同様の質問——出口に伴って国民負担が発生する可能性やリスクについて現時点でどう考えているか、旧日銀法には損失補塡の条項というものがあったが、そういう事前の政府・日銀の間の取り決めの必要性というものについてはどう考えているか——に対する答えは、以下のように変化している。

出口戦略について、具体的なイメージを持って議論するのは時期尚早だと思いますので、ご指摘の点についても、何か具体的に申し上げることは難しいと思います。出口戦略を具体的に議論するに当たっては、当然、その時々の経済あるいは金融の状況を踏まえて、最適な方法を選択するわけです。日銀の収支にどういう影響があるかは、今、ご質問の中に出ていたようなことも含め、議論する際の金利の仮定やシナリオなどにもよるわけですので、具体的なことはコメントを差し控えたいと思います。

このときは、さすがに日銀の損失発生は否定していない。しかし、「時期尚早」として回答を避ける姿勢のため情報量はほとんどない。記者の質問にあるように、量的・質的緩和が金利上昇局面で大きな財政的な再配分の問題を引き起こすのは不可避である。財政再配分のあり方には、中央銀行による事実上の課税である準備率の大幅な引き上げなど極めて好ましくないものもある。そうした方法は避けられるのか。なんらかの対応が将来、必要になるにもかかわらず、時期尚早として説明を回避し続けることは、将来に禍根を残す可能性が高い。

量的・質的緩和の効果を「偽薬効果」と考えることの危険

時期尚早として説明を回避し続けることには問題がある、という点に関連して民主主義社会で中央銀行が独立性を与えられる前提としての透明性と説明責任について、量的・質的緩和に関して必要とされる点について整理しておきたい。

第三章で、バーナンキの「量的緩和の問題点は、それが現実には効果を発揮したが、理論的には効果がないことだ」というジョークにふれた。この説明は、期待に働きかける量的・質的緩和が偽薬のような性格を持つことを意味している。筆者自身も量的・質的緩和を偽薬と形容したことがある。しかし、今では、この比喩的理解は、量的・質的緩和の本質的な問題点を考える上では、全くミスリーディングだった、と考えている。

本来は薬効をもたないが薬に見えるもの――ブドウ糖など少量では全く毒にも薬にもならないものを錠剤のように加工したもの――をよく効く薬だと偽って投与すると、病状の改善がみられることがある。この効果をプラシーボ効果ないしプラセボ効果とよぶ。量的・質的緩和が企図している「期待への働きかけ」は、薬理効果としては実体のない偽薬を飲んだのにもかかわらず、「薬を飲んだ」という意識や信念だけで身体的な変化を引き起こす――という意味では偽薬効果そのものである。その意味では、量的・質的緩和は偽薬にみえる。偽薬だと考えると、効果が小さくても少しでも薬として作用すればよいではないか、という議論も可能に思える。

しかし、量的・質的緩和の場合は、通常の偽薬と重要な点で異なっている。それは、投与された偽薬がブドウ糖錠のように「毒にも薬にもならない」ものではなく、国債大量購入という劇薬だ、という点である。第三章で論じたように、偽薬としてこの劇薬を使っている背景には、多少のポートフォリオ・リバランス効果への期待に加え、日銀がマネーを増やせば物価が上がるのでは、という(ゼロ金利状態では誤解である)素朴なマネタリズムの感覚に訴えることで偽薬効果を高める、という狙いがある。さらに本来の目的ではない、と位置付けられているために「副作用」と位置付けられる財政ファイナンスは、国債市場を麻痺させ拡張的財政を容易にして景気を下支えする効果をもつ。それが財政による二〇一三年度前半の景気下支えを側面支援したことは第二章で述べた。

しかし、持続的な物価安定が実現すれば薬の投与を終えるべき時期が来る。この偽薬が劇薬であるゆえんは、覚醒剤や麻薬同様、投与をやめた途端に劇《はげ》しい禁断症状をもたらし、患者に深刻なダメージを与えかねないことだ。量的・質的緩和は投与時にはマイルドで好ましい副作用、投与中止時には強烈でネガティブな副作用を伴う劇薬を偽薬として大量に処方し、プラセボ効果を狙っている点で、無害なブドウ糖の錠剤でプラセボ効果を狙う通常の偽薬とは全く異なる。

民主主義社会における中央銀行の説明責任

中央銀行は独立性の前提として、説明責任を果たす必要がある、とされる。例えば、バーナンキは、二〇一〇年五月に日銀で行った講演で

中央銀行の独立性は重要だが、無条件のものではない。民主主義の原則は、与えられた使命の追求について十分な説明責任を果たすこと(アカウンタビリティ)を要求している。〔中略〕将来の政策の狙いや起こりうる様々な経済環境のもとで中央銀行がどのように対応するかを明確にすることとは不確実性を減らし、家計や企業の中央銀行の行動に対する予測を手助けし、政策当局が成長やインフレ率に与える影響を増大させる。

と述べている(Bernanke 2010)。

アカウンタビリティを確保する手法として、通常挙げられるのは、講演や記者会見である。しかし、

重要なのは、形式的に講演や記者会見を開くことではなく、その中で、政策の将来展望についても中身のある説明をすることだろう。日銀は、二〇一三年四月の量的・質的緩和導入後の経済の展開について、「日本経済は順調に物価安定の目標の達成に向けて歩んでいる」という説明を二〇一四年一〇月の政策決定会合が開かれた週初まで続けたあと、その決定会合で予想外の追加緩和に踏み切った。「家計や企業の中央銀行の行動に対する予測を手助け」するよりもサプライズで政策効果を高める狙いにみえる。一時的効果を狙うこうした手法は、アカウンタビリティの観点から問題をはらむだけでなく、市場からつねにサプライズを催促されるかたちで日銀に跳ね返ってくるだろう。他方、金融正常化の過程で顕在化する副作用をどう緩和していくか、についての真摯な説明は市場の安定化には不可欠だが、これまでのところ、日銀は「出口を論じるのは時期尚早」、「財政健全化や財政規律は政府の責任」と論ずるだけで、こうした点に対する疑念や懸念をぬぐうような説明を一切行っていない。

日銀の独立性は望ましいか

ブレジャーが論じているように、中央銀行の独立性の基礎は、選挙による審判を受ける政府がより短期的な成果を求めがちである欠陥を補うことにある。さきほど引用したバーナンキの二〇一〇年の講演でバーナンキは以下のように述べている。中央銀行が短期的な政治的圧力にさらされている場合、潜在成長率を超える水準にまで過度に経済を刺激して短期的に産出量と雇用を増やせ、という圧力にさらされる。そうした過度の刺激による成果は、最初は、大いに人気を博すだろう。しかし、それは持続可能ではなく、経済の長期的展望の悪化とインフレ圧力だけを残す。つまり、金融政策への政治的プレッシャーは、最終的に望ましくない景気変動とより不安定でインフレ的な経済をもたらす。

短期的な視点を重視する政府の要望に沿った行動をする中央銀行が独立性を持ち、大規模な量的緩和に踏み込むことは、プロッサー総裁が懸念するような裏口からの財政政策の要素を伴い、財政民主主義の理念を形骸化させかねない。量的・質的緩和のように、自己資本制約を大きく超えたコストを伴いうる政策を中央銀行が行う場合、財政民主主義の観点からは政府の責任として行うことが望ましい。

「金融抑圧」というシナリオと日銀の独立性

なお、日本が金利上昇局面を迎えた場合、財政の持続性と物価安定の折り合いをつける作業は、政府にとってある種の「総力戦」になっていく可能性が高い。政府が公的部門や民間部門の過剰債務を減らしたり利払いの負担を軽減したりするための手段としてしばしば言及されるのが、「金融抑圧(financial repression)」である。これは、基本的には名目金利をインフレ率対比、低く抑える政策であり、歴史的にもしばしば用いられてきた。

しかし、金融市場のグローバル化により、中央銀行が金利を低め誘導することによる一国単独の金融抑圧は、以前に比べるとはるかに困難になっている。例えば、米国で金利を正常化させる環境が整い、金利を徐々に上げていった場合、日本が低金利を維持すれば、資金は海外に流出するだろう。これは円安をもたらし、資本流出の加速とインフレ高進で経済を不安定化させかねない。

そこでカルメン・ラインハートらは、金融抑圧を目指す政府は「国内から逃れられない主体(domestic captive audience)」を作り出そうとする可能性が高い、と指摘している(Reinhart and Kirkegaard 2012)。つまり、金融抑圧への志向は国内の規制を強化し、国際資本移動を制約するより厳しい国内金融規制環境に戻そうとする方向につながる可能性がある。

ラインハートらは、金融機関の国債需要を創出したり拡大したりするための直接的アプローチとして、金融機関に対し、ポートフォリオのより多くの部分を国債保有に充てることを求める英国型の規制や、欧州の幾つかの国で進行している年金基金など自国から脱出できない国内金融機関への国債の嵌め込み、スペインでの銀行預金に対する事実上の金利上限規制の再導入、欧州の一部での資金移動についてのディスクロージャー・煩瑣な行政的手続きの賦課などの例に言及している。政府が金融抑圧の方向に進むときには、中央銀行の全面的協調を担保したい、と考えるだろう。

【第五章の補論】 ゼロ金利から離脱するための金利誘導法

本文で述べたように金利上昇局面での日銀の損失がどのような形で表面化してくるかは、日銀がどのような形でゼロ金利から離脱するかで異なってくる。金利を引き上げるには大別して二つの方法がある。

Ⅰ超過準備の水準を引き下げること、

Ⅱ補完当座預金制度の適用金利を変えること、

である。Ⅰの超過準備水準を引き下げる方法はさらに二通り考えられる。

①日銀当座預金を減らすこと、

②準備預金を増やすこと、

である。このうち、①の日銀当座預金を減らす方法は、さらに二通りに分かれる。

A売りオペで国債を売却して日銀が当座預金を減らすこと、

B日銀が売出手形を売り、それにより日銀当座預金を減らすこと、

である。これらが基本であり、現実には、これらの組み合わせやバリエーションを用いることが考えられる。以下では、これらの基本的方法の仕組みと帰結について順に説明する。

Ⅰ　超過準備の水準引き下げ

①-A　売りオペによる資金吸収

金利を引き上げる上で、一番オーソドックスだが、一番非現実的な手法は、売りオペで国債を売却して資金を吸収することである。非現実的である理由は、いくつかある。まず、日銀が量的緩和を推し進めれば、二〇一五年末には、長期国債残高二七〇兆円強に対し、日銀当座預金残高は二六〇兆円以上になると見込まれる。これに対し、準備預金制度による所要残高はその三％の八兆円程度にすぎないから、二五〇兆円程度の超過準備水準になる。

さらに、後述のように金利上昇により銀行券が五〇兆円ほど還流すれば、その分、さらに超過準備は膨らみ、三〇〇兆円程度を吸収する必要が生じる。しかし、量的緩和を逆回転させ、日銀当座預金を収縮させることは幾つかの理由でほぼ不可能である。

まず、毎年八〇兆円国債保有残高を純増させる買い手だった日銀が逆に巨額の売り手に回れば、国債市場は崩壊する。大量の売りオペを検討する以前の問題として、そもそも中央銀行が長期国債の価格低下につながる売りオペをすること自体が極めて困難である。だからこそ、そうした事態に追い込まれないよう銀行券発行残高以下に長期国債保有残高を抑える、という銀行券ルールがかつては存在したのである。

国債市場への影響を捨象しても、二つの追加的問題がある。第一は、オペの玉不足の問題である。日銀当座預金は日銀が買った国債の値段に見合って膨らんでいるが、日銀保有国債の理論価格は一％

の金利上昇で七％程度値下がりする。このため、保有国債を全部売却しても、日銀当座預金の九七％を占める超過準備を吸収しきれない可能性がある。

第二は損失の表面化である。現在の会計方式では、長期国債は時価評価しないので、売却しない限り保有国債の減価は表面化しないが、売却すると損失が表面化してしまう。これも売却をためらわせる要素になる。

①―B　売出手形による超過準備吸収

日銀当座預金を減らす第二の方法は、日銀が売出手形を売却して資金を吸収することである。売出手形は、日銀を振出人、受取人および支払人（引受人）とする三カ月以内の為替手形の形式をとる。売出手形の売却は金融機関・証券会社の中から公募で定めたオペ対象先を相手方として実施される資金吸収オペレーションである。これは、日銀の負債を補完当座預金制度にもとづく低利の超過準備から高利の売出手形に置き換え、その金利水準を金利裁定の起点とすることで、金利を誘導することになる。その意味では、後述の補完当座預金制度の付利引き上げと同様の効果を持つことになる。

②準備率引き上げによる所要準備の嵩上げ

「準備預金制度に関する法律」では、日本銀行は、通貨の調節を図るため必要があると認める場合には、準備率を変更することができる、とされている。したがって、日銀当座預金を減らす代わりに、準備率を大幅に引き上げ、超過準備を所要準備に置き換えてしまう、ということが考えられる。金融

表 5–7　預金についての準備率

・銀行 ・長期信用銀行 ・信用金庫 (年度末残高 1,600 億円超)	指定勘定区分類	定期性預金 (譲渡性預金を含む)	2 兆 5,000 億円超	1.2%
			1 兆 2,000 億円超 2 兆 5,000 億円以下	0.9%
			5,000 億円超 1 兆 2,000 億円以下	0.05%
			500 億円超 5,000 億円以下	0.05%
		その他の預金	2 兆 5,000 億円超	1.3%
			1 兆 2,000 億円超 2 兆 5,000 億円以下	1.3%
			5,000 億円超 1 兆 2,000 億円以下	0.8%
			500 億円超 5,000 億円以下	0.1%
・農林中央金庫	定期性預金(譲渡性預金を含む)			0.05%
	その他の預金			0.1%

注：定期性預金を含み，外貨預金および非居住者円預金ならびに特別国際金融取引勘定にかかる預金を除く.
出典：セントラル短資ホームページ

機関の何種類かの債務に準備率が課されているが、中核的な対象債務は預金である。現在の預金の準備率は**表5–7**のとおりであり、大手金融機関の預金に対しても、一%強程度である。

「準備預金制度に関する法律」では、準備率は、外貨預金など特殊なものを除いて一〇〇分の二〇をこえることができない、とされている。その意味では、現在の準備率は、相当程度引き上げ余地があると言える。ただし、全国銀行(都市銀行五行、地方銀行六四行、地方銀行Ⅱ四一行、信託銀行四行、新生銀行、あおぞら銀行の計一一六行)+ゆうちょ銀行の二〇一四年三月末時点の預貯金総額は、八〇〇兆円程度であり、準備率を目一杯引き上げても超過準備を全部吸収するのは、困難であろう。

さらに「準備預金制度に関する法律」の第四条第三項では、日本銀行は、準備率変更にあたっては、金融機関の預け金の保有に伴う負担を考慮しなければならない、とされている。準備率操作が事実上、金融機関

表 5-8　日銀資産の運用利回り推移

（単位：%）

	23 年度	24 年度	25 年度		
				上半期	下半期
運用資産合計（利回り）	0.566	0.502	0.447	0.442	0.452
円貨資産	0.515	0.466	0.424	0.414	0.432
貸出金	0.101	0.100	0.100	0.100	0.100
買現先勘定	0.145	――	――	――	――
短期国債	0.113	0.102	0.073	0.082	0.065
長期国債	0.929	0.719	0.613	0.612	0.613
コマーシャル・ペーパー等	0.120	0.108	0.092	0.098	0.088
社債	0.095	0.249	0.174	0.184	0.165
外貨資産	1.811	1.560	1.351	1.404	1.301

出典：日本銀行「平成 25 年度業務概況書」

への課税措置であることに鑑みれば、付利しない所要準備を大幅に引き上げて金利上昇のコストを金融機関の方にすべてしわ寄せするのは、法の精神に照らしても問題がある。

II　補完当座預金制度の適用金利の引き上げ

超過準備を減らさずに、金利を上げる方法としては、補完当座預金制度の適用金利を引き上げることが考えられる。現在の短期金融市場金利の水準を決めているのは補完当座預金制度の適用金利である。補完当座預金制度は、日銀が金融機関等から受入れる当座預金のうち、「超過準備」に利息をつける、という制度で現在の適用(付利)金利水準は〇・一%になっている。

もし、補完当座預金制度の付利水準である〇・一%から無担保コール等の取引レートが乖離すれば、日銀当座預金との間での裁定取引で利益を得られることになる。

例えば、無担保コールが〇・二%に上昇すれば、コール市場に放出する方が有利なので、大量の超過準備がコール市場に流れ込み、金利を押し下げる。逆に、例えば、無担保コールが〇・〇五％に下落すれば、コール市場から引き揚げて超過準備に積んでおく方が有利だから、コール市場への出し手が減り、それにより、コールレートは押し上げられる。

この方法を使う場合、日銀のバランスシートの資産サイドからの利息収入は存在するが、補完当座預金制度への利払いが資産サイドの利息収入を上回る限り、赤字が続く。**表5–8**は、日銀の資産運用利回りの推移を見たものだが、運用資産の合計利回りは〇・四五％程度である。日銀の負債のうち、銀行券は利払いがゼロなので、補完当座預金金利への適用利率がこれを多少上回っても、ただちに日銀が赤字になるわけではない。しかし、例えば、二％に金利を誘導するには、補完当座預金に二％の金利を適用する必要があり、この場合は赤字転落は避けられない。この結果は、金利二％の売出手形で資金を吸収した場合でも同じである。

銀行券の「損失負担能力」を巡って

上記の議論に関連するもう一つの論点は、日銀は銀行券を発行している中央銀行だ、という点である。バランスシート上、銀行券は狭義の資本と同様に金利を支払わずに済む負債なので、資本に近い働きを持つ。二〇一四年八月末現在では、銀行券発行残高は八六・八兆円に達している。深尾氏は、銀行券も巨額の損失を吸収する収益バッファーとみなしている(深尾 二〇一四)。深尾氏に限らず、中央銀行の損失負担能力を計算する場合に、銀行券を疑似資本とみなす論者も少なくない。

先に述べたように福井氏は、国民の理解を得て、中央銀行はある程度のリスクをとり機動的に行動

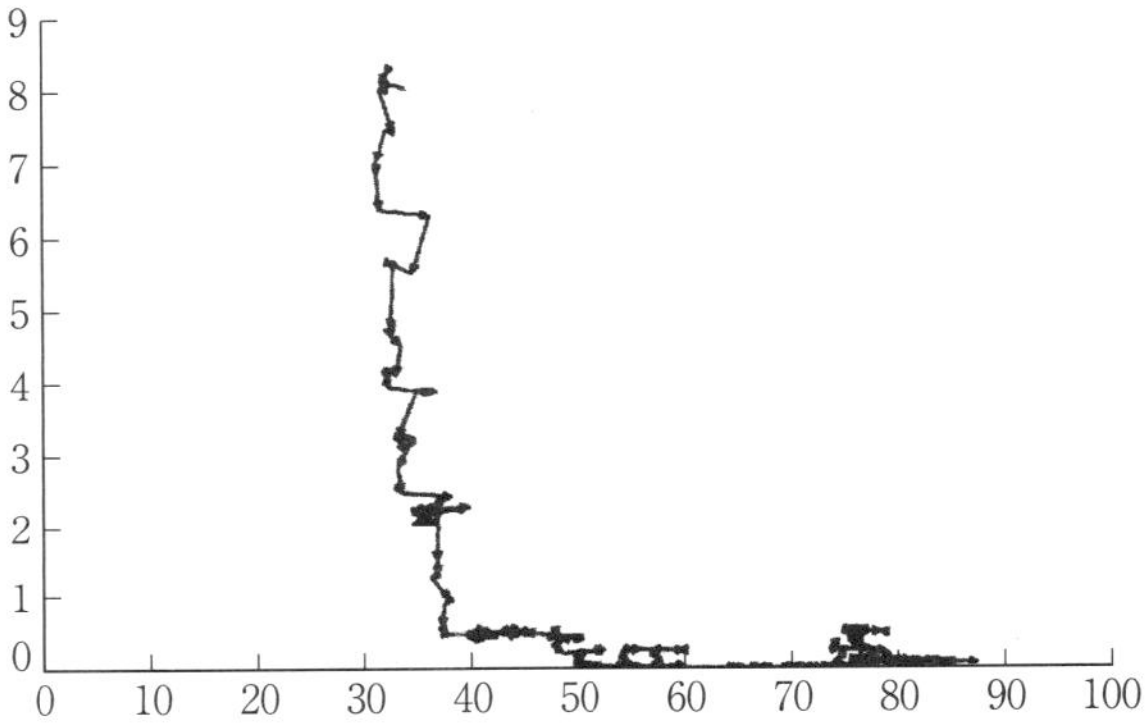

注：1991 年 1 月–2013 年 12 月までについて，縦軸にコール市場金利（%），横軸に日銀券残高（兆円）を取ってグラフ化した．
出典：深尾（2014）

図 5–2　金利と銀行券需要の関係

する、そしてリスクをとった結果、自己資本が低下した場合にはそれを回復させる行動に支持を求める、という形で民主主義の枠組みと中央銀行行動の機動性との調和を構想している。その標識としての自己資本には銀行券は含まれないと考えるべきだろう。なぜなら、人々は金利が高ければ、銀行券より預金を選び、金利が低ければタンス預金を積み上げるはずだからだ。金利によって大きく浮遊する標識は、線引きのための標識にはなじまないだろう。

銀行券の動向は金利正常化のプロセスで金融政策にとっての大きなリスクにもなりうる。上述のように、金利が上昇すれば銀行券を手元に置いておくタンス預金需要が減る可能性が高いからである。銀行券には利子がつかないが、預金金利がほぼゼロであれば、タンス預金にしていても、大して損はしない。しかし、金利があがればタンス預金より銀行預金や国債の方が有利になり、銀行券は銀行に預金され、日銀が国債の買いオペをしない状況でも、日銀当座預金が増える。深尾氏はこの点を重視しており、国債金利が三%台になれば、銀行券需要は五〇兆円以下に減少しても不思議ではない、とする。

深尾氏による**図5-2**は、一九九一年から二〇一三年末までの期間について、短期金利と銀行券残高をグラフにしたものである。金利が高くなると銀行券を保有するより預金等が有利になるので、家計や企業は日銀券の保有を減らす、という負の相関関係が強く見て取れる。金利が〇・五―一%以上の場合には、銀行券需要は三五兆円程度であり現在より五〇兆円少ない。ただし、長期にわたって金利低下・低水準が続いた後のタンス預金が金利上昇局面でどの程度、金利に反応して動くか、については不確実性が大きい。しかし、金利が高くなると、広義の損失負担能力が六割程度減少する可能性があることは否定できない。

おわりに

ときどき古典落語を聴く。春夏秋冬、その折々の季節感が感じられる噺を選ぶことが多い。春先に聴きたくなる噺の一つが「愛宕山《あたごやま》」である。時代は明治の頃だろうか、京都の旦那が、芸者や舞妓、お茶屋の女将、幇間《ほうかん》の一八らとともに愛宕山へ遊びに行くのんびりした噺である。多くの巨匠が録音を残しており、それぞれに演出はかなり大きく異なるが、いずれも短い描写のなかに、春の息吹とそれを愉しんでいる人々の姿が感じられる。

量的・質的緩和がはじまってから、この「愛宕山」を時折、思い出す。むろん季節感ではなく、そのクライマックスである。……愛宕山に上り始めた一行は、茶店で豪華な弁当をひろげ、昼食をとることにする。その時、旦那は、茶店のそばの展望台から、崖下の谷底に立っているマトに素焼きの皿(かわらけ)を投げて当てる「かわらけ投げ」をはじめる。次に、旦那は、懐から昔の小判を二〇枚取り出す。小判でも、「かわらけ」のようにマトに当てることができるかどうか、投げてみたかった、というのである。旦那のお供の幇間である一八は泣かんばかりにして止める。しかし、旦那は二〇枚の小判をすべて投げてしまう。昔のお大尽らしい散財の仕方である。とはいえ、あまりにもったいない。

「あの小判は……?」と一八が尋ねる。

「拾った人のものだ」と旦那は答える。

しかし、マトが立ててある谷底への道はない。諦めかける一八。だが、茶店に大きな傘があるのを見つける。この傘を広げて飛び降りれば、一瞬で谷底へ降りられる。そう思った一八は傘を手に取るが、崖のあまりの高さにさすがに飛べない。躊躇する一八が崖から飛び出せたのは、仲間の幇間である茂八が旦那に命じられて背中を押したおかげだ。傘と風に助けられて一八は、運よく怪我もせずに谷底へ着地する。大喝采する芸者や舞妓たち。得意絶頂の一八は、旦那が投げた二〇枚の小判をすべて見つけて拾い集め、「お前にやる」と言われ、喜色満面になる。

しかし、旦那の次の一言で、一八は凍りつく。「お前、どうやって上がって来るんだ？」。谷底には道はついていない。そのうえ、この谷はオオカミも出没するのだ。蛮勇をふるって飛び降り、大喝采を受けることはできたが、いくら蛮勇をふるっても飛び上がることはできない。「欲張り。オオカミに食われて死んでしまえ」と冷たく言う旦那。

この噺では、一八は、小判を谷底に置き忘れたまま(たぶん物理的には不可能な)奇抜な方法で飛び上がってくる。しかし、量的・質的緩和のあと、「さらに飛び降りる方向」への金融緩和手段は片道でよければまだいくらでも考えつくが、いずれも副作用があり何よりどうやって「飛び上がってくる」のかは難題だ。

量的・質的緩和は物価上昇率の不足を日本経済の停滞の元凶と位置付け、それからの脱却を至上命題にした総需要刺激政策である。しかし、半世紀以上にわたる出生率の低下と超高齢化は、インフレ期・デフレ期を問わず進行してきた。そのことにより大きな転換期を迎えている日本の社会経済の今後を当面、大きく左右するのは、出生率の引き上げもさることながら、超高齢者が自立して暮らせる時間をどの程度平均的に伸ばせるかだ。超高齢化による社会の崩壊を防ぐことは、中期的な潜在成長率を維持するうえで不可欠であり、かつその対応に残された時間はごくわずかだ。量的・質的緩和は成長戦略の核心を見誤っている。

超高齢化に立ち向かう日本の社会・経済の前途は極めて険しい。しかし、悲観していても仕方がないし、やるべきことははっきりしている。課題に正面から向き合い、成長戦略として生かせれば、日本が世界をリードできる足掛りにもなるだろう。

構造問題への取り組みは、痛みを伴う、というのが決まり文句だが、日本が直面する本質的な構造改革である出生率が高まるような子育てのしやすい社会、高齢者の健康寿命を延伸させ家族の介護負担を減らす取り組みは、幸いにしてそれ自体として国民にとって取り組みがいのあることだ。

本書の初稿には、北村行伸、白川方明両氏と小田野耕明氏(岩波書店)から懇切なコメントをいただいた。記して謝意を表したい。ただ、小田野氏の最大のコメントないし指示が、最終稿では、初稿の概ね二割をカットせよ、というものであったため(その後、校正の度に少しずつ、緩めてもらったが)、より広い視野からの広範な加筆につながる碩学お二人のコメントの大半を生かし切れず、スリム化に注力することになった。この点はお二人に心からお詫びしたい。

翁　邦雄

参考文献

＊日銀総裁・副総裁の講演・記者会見は日銀ホームページから、連邦準備制度理事会議長の講演は連邦準備制度ホームページから、国際決済銀行関係の資料は同銀行ホームページからアクセスできる。なお、中央銀行関係者の記者会見・ブログ類・図表からの引用などで本文に出典を記したものは基本的に参考文献からは割愛した。

池尾和人（二〇一三）『連続講義・デフレと経済政策——アベノミクスの経済分析』日経ＢＰ社。

伊藤隆敏（二〇一五）『日本財政　最後の選択』日本経済新聞出版社。

岩田一政・日本経済研究センター編（二〇一四）『量的・質的金融緩和——政策の効果とリスクを検証する』日本経済新聞出版社。

岩田規久男（二〇一二）「なぜ、日本銀行の金融政策ではデフレから脱却できないのか」『成城大学経済研究所年報』第二五号、二〇一二年四月。

翁邦雄（二〇一一）『ポスト・マネタリズムの金融政策』日本経済新聞出版社。

——（二〇一三ａ）『日本銀行』筑摩書房。

——（二〇一三ｂ）「グリーンスパンの金融政策」池尾和人・二一世紀政策研究所編『金融依存の経済はどこへ向かうのか』日本経済新聞出版社、第二章。

——（二〇一三ｃ）『金融政策のフロンティア』日本評論社。

——（二〇一四）「ゼロ金利制約下では金融政策で物価はコントロールできない」原田泰・齊藤誠編『徹

底分析アベノミクス——成果と課題』中央経済社、第一章。
加藤出（二〇一四）『日銀、「出口」なし！——異次元緩和の次に来る危機』朝日新聞出版。
河田皓史・永沼早央梨（二〇一〇）「わが国の労働力率の動向に関する一考察」日銀レビュー、二〇一〇-J-一八。
黒田東彦（二〇一三a）「量的・質的金融緩和」読売国際経済懇話会における講演、二〇一三年四月一二日。
——（二〇一三b）「デフレ脱却の目指すもの」日本経済団体連合会審議員会における講演、二〇一三年一二月二五日。
経済財政諮問会議専門調査会「選択する未来」委員会（二〇一四a）「未来への選択——人口急減・超高齢社会を超えて、日本発成長・発展モデルを構築　最終報告書」http://www5.cao.go.jp/keizai-shimon/kaigi/special/future/houkoku/01.pdf
——（二〇一四b）「未来への選択——人口急減・超高齢社会を超えて、日本発成長・発展モデルを構築　中間整理」http://www5.cao.go.jp/keizai-shimon/kaigi/special/future/chuukanseiri/01.pdf
厚生労働省地方老人保健福祉計画研究班・痴呆性老人調査・ニーズ部会（一九九二）「老人保健福祉計画策定に当たっての痴呆性老人の把握方法等について」http://www.ipss.go.jp/publication/j/shiryou/no.13/data/shiryou/syakaifukushi/436.pdf
国立社会保障・人口問題研究所（二〇一二）「日本の将来推計人口　平成二四年一月推計の解説」『人口問題研究資料』第三二七号。http://www.ipss.go.jp/syoushika/bunken/data/pdf/207993.pdf
斎藤太郎（二〇一二）「団塊世代の退職による労働市場への影響——「二〇一二年問題」から考える超高齢社会における働き方」『ジェロントロジージャーナル』一一-〇二〇号。
齊藤誠（二〇一四）『父が息子に語るマクロ経済学』勁草書房。
齊藤誠・白川方明（二〇一四）「経済学の視点からみる中央銀行の本質」『経済セミナー』第六七九号、二〇一四年八・九月号。

島謹三（一九八三）「いわゆる「高橋財政」について」『金融研究』第二巻第二号。
ＪＩＣＡ国際協力総合研修所（二〇〇三）「日本の人口経験」ＪＩＣＡ国際協力総合研修所『第二次人口と開発援助研究――日本の経験を活かした人口援助の新たな展開』第二章。
白川方明（二〇一一）『通貨、国債、中央銀行――信認の相互依存性』日本金融学会二〇一一年度春季大会における特別講演。
須田美矢子（二〇一四）『リスクとの闘い』日本経済新聞出版社。
高木雅史（二〇一二）「戦後初期日本における受胎調節指導――職能団体機関誌にみられる助産婦の意識・実践を中心に」『福岡大学人文論叢』第四四巻第二号。
千野雅人（二〇一〇）「団塊の世代をめぐる「二〇一二年問題」は発生するか？」統計Today、三二号、総務省統計局ホームページ　http://www.stat.go.jp/info/today/032.htm
内閣府（二〇一一）「経済成長と財政健全化に関する研究報告書」二〇一一年一〇月一七日。http://www5.cao.go.jp/keizai2/keizai-syakai/k-s-kouzou/shiryou/k-s-3kai/pdf/2.pdf
早川英男（二〇一四）「人手不足時代の到来(上)――その背景とマクロ的帰結」富士通総研オピニオン　http://www.fujitsu.com/jp/group/fri/column/opinion/201408/2014-8-1.html
深尾光洋（二〇一四）「量的・質的緩和のコスト負担：日銀赤字の処理方法」http://www.jcer.or.jp/column/fukao/print612.html
福井俊彦（二〇〇三）「金融政策運営の課題」日本金融学会春季大会における同学会創立六〇周年記念講演、二〇〇三年六月一日。
増田寛也編（二〇一四）『地方消滅――東京一極集中が招く人口急減』中央公論新社。
山口泰（一九九九）「構造政策と金融政策――日本の経験」一九九九年一〇月八、九日にフランス銀行で開催されたコンファレンスにおいて山口副総裁が発言するために用意された原稿。

Bernanke, Ben S.(2003), "Some Thoughts on Monetary Policy in Japan", At the Japan Society of Monetary Economics, Tokyo, Japan, May 31, 2003.

———(2004), "The Great Moderation", At the meetings of the Eastern Economic Association, Washington, DC, February 20, 2004.

———(2005), "Inflation in Latin America: A New Era?", Speech delivered at the Stanford Institute for Economic Policy.

———(2010), "Central Bank Independence, Transparency, and Accountability", At the Institute for Monetary and Economic Studies International Conference, Bank of Japan, Tokyo, Japan, May 25, 2010.

BIS(Bank for International Settlements)(2014), *84th Annual Report*.

Blejer, Mario I.(2013), "Central Banks' Outdated Independence", April 17, 2013. http://www.project-syndicate.org/commentary/the-necessary-erosion-of-central-banks--independence-by-mario-i--blejer

Burke, Mary A. and Ali Ozdagli(2013), "Household Inflation Expectations and Consumer Spending: Evidence from Panel Data", *Working Papers* No. 13–25, December 18, 2013, Federal Reserve Bank of Boston.

Cowen, Tyler(2011), *The Great Stagnation: How America Ate All the Low-Hanging Fruit of Modern History, Got Sick, and Will (Eventually) Feel Better*, Dutton Adult. (タイラー・コーエン著、池村千秋訳『大停滞』NTT出版、二〇一一年)

Eggertsson, Gauti B. and Neil R. Mehrotra(2014), "A Model of Secular Stagnation", *NBER Working Paper* 20574.

Eichengreen, Barry(2014), "Secular stagnation: A review of the issues", In *Secular Stagnation: Facts, Causes, and Cures*, A VoxEU.org eBook, edited by Coen Teulings and Richard Baldwin. http://

www.voxeu.org/sites/default/files/Vox_secular_stagnation.pdf

Feldstein, Martin(2002), "Commentary: Is There a Role for Discretionary Fiscal Policy?", In the Proceedings of A symposium sponsored by the Federal Reserve Bank of Kansas City, Jackson Hole, Wyoming, August 29–31, 2002.

Fisher, Irving(1933), "The Debt-Deflation Theory of Great Depressions", *Econometrica* Vol. 1, No. 4.

Gordon, Robert J.(2014), "The turtle's progress: Secular stagnation meets the headwinds", In *Secular Stagnation: Facts, Causes, and Cures*, A VoxEU.org eBook, edited by Coen Teulings and Richard Baldwin. http://www.voxeu.org/sites/default/files/Vox_secular_stagnation.pdf

Hansen, Alvin(1939), "Economic Progress and Declining Population Growth", *American Economic Review* Vol. 29, March.

Hausman, Joshua K. and Johannes F. Wieland(2014), "Abenomics: Preliminary Analysis and Outlook", March, 2014. http://www.brookings.edu/~/media/projects/bpea/spring%202014/2014a_hausman.pdf

Jimeno, Juan F., Frank Smets and Jonathan Yiangou(2014), "Secular stagnation: A view from the Eurozone" In *Secular Stagnation: Facts, Causes, and Cures*, A VoxEU.org eBook, edited by Coen Teulings and Richard Baldwin http://www.voxeu.org/sites/default/files/Vox_secular_stagnation.pdf

Jonung, Lars(1988), "Knut Wicksell's Unpublished Manuscripts A First Glance", *European Economic Review* Vol. 32, No. 2–3.

Keynes, John M.(1937), "Some economic consequences of a declining population", *Eugenics Review* Vol. 29, No. 1.（J・M・ケインズ著、松川周二編訳『デフレ不況をいかに克服するか――ケインズ一九三〇年代評論集』文藝春秋、二〇一三年、に「人口減少の経済的帰結」として所収）

Krugman, Paul R.(1998), "It's Baaack: Japan's Slump and the Return of the Liquidity Trap", *Brookings Paper on Economic Activities* Vol. 29, No. 2.

Lucas, Robert E.(2003), "Macroeconomic Priorities", *The American Economic Review* Vol. 93, No. 1.
Piketty, Thomas(2013), *Le Capital au XXIe siècle*, Éditions du Seuil.（トマ・ピケティ著、山形浩生・守岡桜・森本正史訳『二一世紀の資本』みすず書房、二〇一四年）
Plosser, Charles I.(2012), "Fiscal Policy and Monetary Policy: Restoring the Boundaries", *2012 Annual Report of Federal Reserve Bank of Philadelphia*.
Reinhart, Carmen M. and Jacob Funk Kirkegaard(2012), "Financial repression: Then and now", March 26, 2012. http://www.voxeu.org/article/financial-repression-then-and-now
Sargent, Thomas and Neil Wallace(1981), "Some Unpleasant Monetarist Arithmetic", *Federal Reserve Bank of Minneapolis Quarterly Review*, Fall, pp. 1–17.（トーマス・J・サージェント著、國府田桂一他訳『合理的期待とインフレーション』東洋経済新報社、一九八八年、に収録）
Summers, Lawrence H.(2013a), "Economic Possibilities for Our Children", remarks at the fifth annual Martin Feldstein Lecture at the NBER Summer Institute on July 24, 2013.
——(2013b), "IMF Economic Forum: Policy Responses to Crises", speech at the IMF Fourteenth Annual Research Conference, Washington, DC, November 9.
Svensson, Lars E. O.(2001), "The Zero Bound in an Open Economy: A Foolproof Way of Escaping from a Liquidity Trap", *Monetary and Economic Studies* Vol. 19, No. S-1.
Vogel, Ezra F.(1979), *Japan as Number One: Lessons for America*, Harvard University Press.（エズラ・F・ヴォーゲル著、広中和歌子・木本彰子訳『ジャパン・アズ・ナンバーワン——アメリカへの教訓』TBSブリタニカ、一九七九年）
Walsh, Carl E.(2011), "Central Bank Independence Revisited", *Economic Papers* Vol. 30, No. 1.

翁 邦雄

1951年生まれ．東京大学経済学部卒業．日本銀行入行．同調査統計局企画調査課長，金融研究所長等を歴任．シカゴ大学Ph.D. 現在，京都大学公共政策大学院教授．専門は金融論．著書に『ポスト・マネタリズムの金融政策』(日本経済新聞出版社)，『金融政策のフロンティア——国際的潮流と非伝統的政策』(日本評論社)，『日本銀行』(ちくま新書)ほか多数．

シリーズ 現代経済の展望
経済の大転換と日本銀行

2015年3月26日 第1刷発行
2016年9月5日 第2刷発行

著 者 翁《おきな》 邦《くに》雄《お》

発行者 岡本 厚

発行所 株式会社 岩波書店
〒101-8002 東京都千代田区一ツ橋2-5-5
電話案内 03-5210-4000
http://www.iwanami.co.jp/

印刷・理想社 カバー・半七印刷 製本・三水舎

ISBN978-4-00-028735-7 Printed in Japan